ソーシャルデザイン実践ガイド

地域の課題を解決する7つのステップ

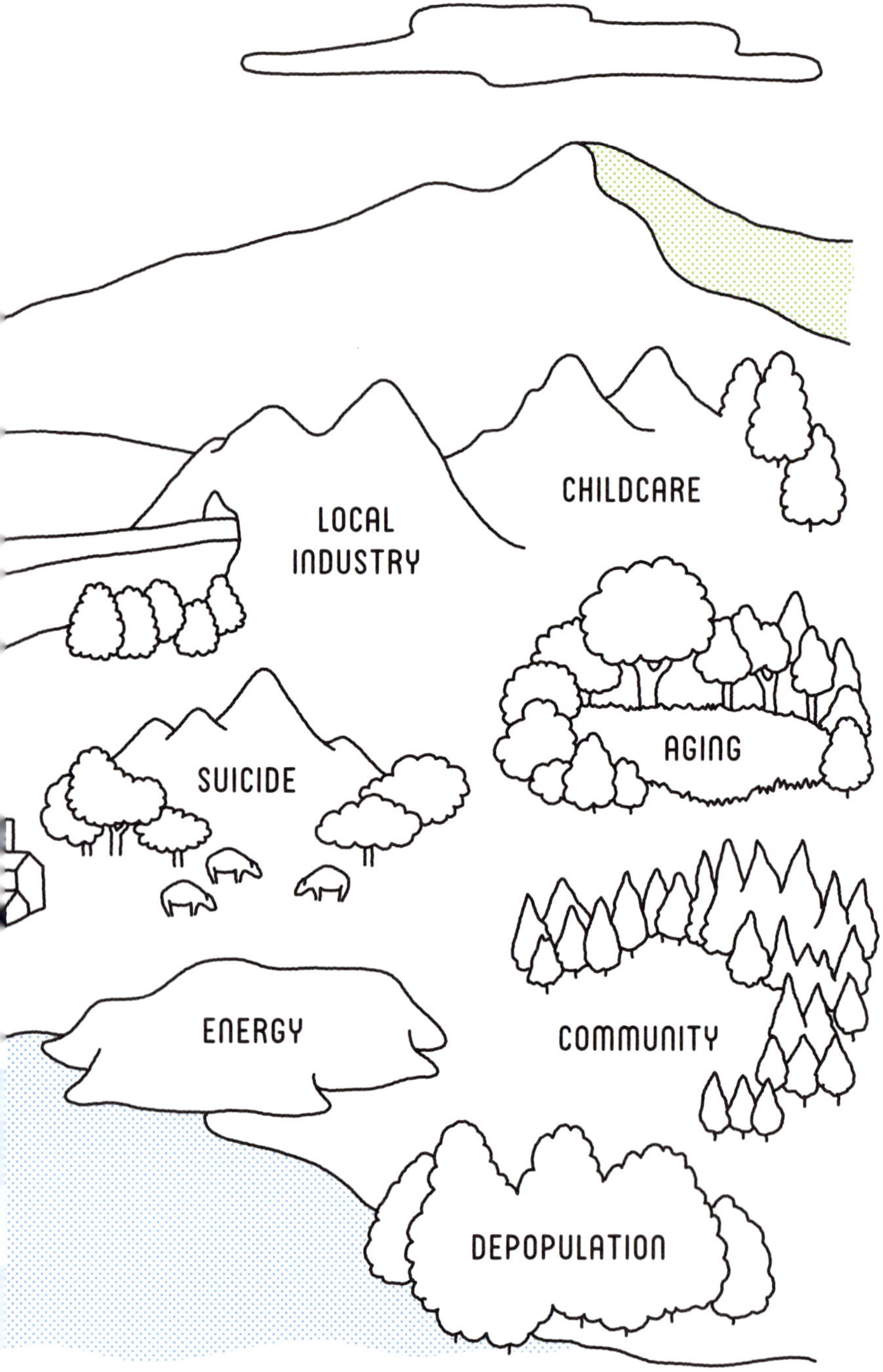
CHILDCARE
LOCAL
INDUSTRY
AGING
SUICIDE
ENERGY
COMMUNITY
DEPOPULATION

DEMENTIA
EARTHQUAKE
MARRIAGE
CLIMATE CHANGE

ソーシャルデザインとは「森の中に道をつくる」活動

社会課題は、鬱蒼とした森のようなもの。
足を踏み入れると出口が見えず、
とらえどころがなく、道に迷うことも多い。
ソーシャルデザインとは、
そんな森に一本の道をつくる活動です。
森を歩き、声を聞き、仲間をつくる。
森の地図を描き、一番必要とされる場所に、
必要な道を、橋を、小屋をみんなでつくる。
それがソーシャルデザインです。

目次

Prologue

プロローグ

社会課題とソーシャルデザイン

ソーシャルデザインって何？

ソーシャルデザインという言葉を最近よく耳にするようになりました。消費を活性化しビジネスを生み出すためのデザイン、コマーシャルデザインと対比するかたちで使われることが多いようです。コマーシャルではなくソーシャル、商売のためではなく社会のための、社会が抱える課題解決のデザインという意味で一般的に使われています。

一方、ソーシャルデザインが何を意味するかわからないという声もよく聞きます。そもそもデザインとは社会的なものではないか、デザインという言葉の意味が広すぎてよくわからない、ここで言うソーシャルとはどういう意味なのか……さまざまな疑問の声が聞こえてきます。

本書ではソーシャルデザインを次の通り定義しています。

人間の持つ「創造」の力で、社会が抱える複雑な課題の解決に挑む活動

社会が抱える課題とは何か？　これは、それぞれの問題意識でいいと思います。個人や組織・企業の事情からではなく、お住まいの地域や日本全体などの社会に対する想いや疑問から始まったなら、その活動は社会に対するものだからです。

ある地域で安い海外産品の流入により、伝統工芸品産業が危機に瀕していたとしましょう。その産業を盛り上げるために、新しい製品や販売システムの開発に取り組んでいる人がいます。この人が自分のために、自社のためだけに、その開発に取り組んでいるのであれば、それは普通の企業活動だと言えるでしょう。しかし、その地域の産業全体を盛り上げ、伝統工芸を未来に継承していくことが目的なら、それはソーシャルデザインです。

ソーシャルデザインの「デザイン」も柔軟に捉えています。僕らのプロジェクトでは「それってデザインなんですか?」という質問を受けることがよくあります。デザインというと、何かかたちのある作品をつくるようなイメージを持つ人も多いようです。しかし、ソーシャルデザインでは、活動一つひとつの成果のかたちを問いません。「デザイン」をあえて日本語にすると、多様な意味を持つ「つくる」が近いかもしれません。成果の「かたち」ではなく、「行為」として捉えて、僕の運営するissue+designではデザインを次のように定義しています。

問題の本質を一挙に捉え、そこに調和と秩序をもたらす行為
美と共感で人の心に訴え、行動を喚起し、社会に幸せなムーブメントを起こす行為

僕らが実践しているソーシャルデザインのプロジェクトの中には、ウェブサイトや手帳のような比較的デザインとしてわかりやすいアウトプットから、ワークショップやプログラムのように一見デザインとは思えないものまでさまざまあります。

アウトプットも取り組む本人次第で何でもよいのです。ただし、「参加したい」「やってみたい」と思ってもらえるような、共感を呼ぶ行為であることだけがこだわっているポイントです。共感を呼ぶために必要なものが美しさであり楽しさであり、それらは人が持つ「創造性」が生み、人が持つ「想像力」に訴えるものに違いないからです。

この本の読者の中には、社会課題の解決が日々の業務である行政の方、ソーシャルな視点から新しいビジネスやCSR活動を企画・実施している企業の方、その領域のデザインに興味を持っている学生の方、本業がありながら地域の活動に取り組んでいる方などなど、さまざまな人がいるでしょう。中には、「デザイン」という言葉に全然縁がない方もいるのではないでしょうか。そんな方々にも、社会課題にデザインで挑むという考え方や方法論が、きっと役に立つはずです。

逆にいうと、役に立つものでないと意味がありません。デザインとは、人間だれもが持つ「創造性」から生まれるものであり、デザイナーと呼ばれる一部の人にしかできないものではありません。本書では、言葉の定義にあまりとらわれることなく、社会に対して問題意識をもって活動している、活動したいと思っているさまざまな人に実践的な方法論とツールを提供することを目的としています。

社会課題とは、深い森、荒地、孤島

５人組の男性アイドルグループが、森を切り拓き、古民家を改良し、畑を耕し、村をつくるというテレビ番組をご存じでしょうか（現在はこの後継企画として、無人島を舞台にした企画が行われています）。この番組を見ていて、自分が取り組んでいる「ソーシャルデザイン」という仕事と似ていると感じたことがあります。

社会課題とは、踏み込むことが困難な森、荒地、もしくは絶海の孤島に似ています。外から眺めれば、漠然とした大きさや形状はわかります。しかし、その森にどんな生き物が住んでいるのか？　水があるのか？　食べ物は調達できるのか？　細かいことはよくわかりません。そして足を踏み入れると、鮮やかな緑に見えていた森の奥は暗く、湿地や倒木に足をとられ、生い茂った低木が身体を傷つけ、方角さえ見失ってしまいます。

人口減少、高齢化、中心市街地の衰退、生活習慣病、未成年者の自殺……日本や地域が直面しているこうした社会の現象も、何が起きているか漠然と理解することは難しくありません。しかし、一歩踏み込んでみると、複雑な要因が絡み合っていて、簡単ではないことが大半です。全国各地で問題視されている中心市街地（駅前などの繁華街）の衰退。駅前商店街がシャッター街化していて人が訪れない、その原因は、郊外のショッピングセンターへ買い物客が流れたことや商店街住人の高齢化などだと言われています。それなら、その空き店舗を若い人に貸し出して、カフェや雑貨店などをやってもらえばいいのではないか？　そんな意見が出てきます。うまくいきそうですが、そんなに簡単にことは進みません。いざ実行しようとすると、その背後に潜んでいるさまざまな阻害要因が浮かび上がってきます。地域が抱える課題と呼ばれるもののほとんどが未解決のまま全国各地で問題になっているのは、こうした理由があるからです。

ソーシャルデザインとは、「森の中に、道をつくる」活動

社会が抱える課題の森を探り、課題を整理して突破口を見出し、その解決に必要な道を拓く活動がソーシャルデザインという活動です。

森の中を歩き回り、さまざまな物事を体験して、そこで暮らす人の話を聞く。複雑な地形や思わぬ落とし穴、独自の生態系などを調査し、少しずつ森のことを理解し、自分なりの森の地図を描いていく。探検を通じて多くの出会いがあり、仲間が増えていく。森の全容が次第に見えてくると、しかるべき場所にしかるべきものをつくりたくなる。それは食料を運ぶための「道」かもしれないし、川向こうに渡るための「橋」かもしれないし、歩く人が迷わないための「標識」かもしれない。森に変化をもたらすための道を、そこで暮らす人々や多様な立場の仲間と一緒につくり上げていく。道ができ

たら、新しい動きが生まれていくことでしょう。おいしい水をいつでも飲める「井戸」をつくる活動が始まるかもしれません。道に迷った旅人が避難するための「救命小屋」をつくろうという意見が出るかもしれません。こうして森とともにある地域全体の暮らしをよくするものを一つずつつくり上げていき、みんなが幸せに暮らせる環境を少しずつ整備していくのです。

だれかの役に立つものをつくることができ、喜んでもらえるのは本当に幸せなことです。その森のために、もっといろいろと活動したくなります。高齢化、自殺やうつ、婚活、生活習慣病、孤独死、子育て、地域観光……。新しい未解決の「森」を見つけると、緊張感が走るとともに、闘志がわいてきます。どんな森なのだろうか？　どんな人がいるのだろうか？　自分に何ができるのだろうか？　すぐにでも、その森の探検を始めたくなります。

ただし、闇雲に森を歩くことは危険です。社会課題の森は木が生い茂り、視界は悪く、足元もぬかるんでおり、すぐに迷ってしまいます。わかりやすい地図もなければ、方位磁針も使えません。綿密な準備とプランが必要です。

２００８年から始めたissue+designを通じて、僕らはさまざまな社会課題の森を探検し、そのためのデザインに取り組んできました。本書では、その経験を通じて見えてきた社会課題の解決策のつくり方＝ソーシャルデザインの旅の行程と僕らが取り組んだ実例を紹介していきます。

パート1で紹介するソーシャルデザインの旅の行程は次の７つのステップで構成されています。

1. 森を知る

森の中を歩き、
先人の知恵を学び、
森の全容を理解する。

2. 声を聞く

森の住民、管理者、
活動家の声を聞き、
課題を自分ごとにする。

3. 地図を描く

自分の目と耳と足で
手に入れた情報を手掛かりに、
森の全容を地図にする。

4. 立地を選ぶ

どこに道をつくるべきか、
選択・決定する。

5. 仲間をつくる

住民や専門家など、
道づくりに協力してくれる
仲間を集める。

6. 道を構想する

どんな道をつくるべきかという
アイデアをみんなで多数出し、
検証し、具体化する。

7. 道をつくる

仲間とともにみんなで道をつくる。
どんどん改良し、
必要なものを加えていく。

Part 1

ソーシャルデザインの行程

A Journey in Social Design

Journey 1

第1章 森を知る

社会課題の森はすべての人の身近にあります。
あなたはきっと森に何らかのイメージを持っているでしょう。
ところが一歩足を踏み入れると、森は想像以上に複雑で、
歩く人を混乱させます。
まず、この森を大きく「知る」ことから始めましょう。
行くことができる範囲を歩き、森を身体全体で感じましょう。
先輩開拓者たちの道のりをたどってみましょう。
ここからソーシャルデザインの旅路は始まります。

社会課題を大きくつかむ

ソーシャルデザインの第一歩は、その社会課題の全容を大きく理解することです。関連する書籍を読む、データを集める、実際の現場に足を運んでみる。どれも当たり前のように思える非常に基本的なことですが、意外と怠っている人が多いようです。現場に足を運ぶことを重視するがゆえに世の中にたくさんあるデータに目を向けない人、インターネットでの情報検索に頼り過ぎて現場を歩かない人、専門書や論文、統計データを苦手として避けてしまう人など、情報収集が偏りがちです。

ある程度の認識や情報を持っていると思っても、あえてもう一度調べ直してみましょう。社会課題は、見る場所や距離感によってまったく違った様相を現します。空高く上空から鳥の目で、地面すれすれから蟻の目で、そんな感覚であらゆる角度からいろいろな手段を駆使して社会課題を理解することが、よりよいデザインを生む土壌をつくります。

この章では、だれもができる社会課題の情報収集のやり方について、二つの方法をガイドします。

写真　観察結果（神戸市三宮エリア）

テーマは「観光客が接する地域情報」。写真や映像を撮り、白地図に配置すると、テーマに関する地域の全体像の理解が深まります。

現場を歩く

まず、「現場を歩く」ことから始めましょう。

私たちが住む世界には情報があふれています。インターネットで検索するだけで、地域・人・社会の事象の情報が山のように見つかるでしょう。この膨大な情報のおかげで、頭ばかりが肥大化し、足が弱体化してしまいがちです。頭ではわかっているけど、実感できない、自分のことと感じられない、そんな感覚にとらわれてしまいます。「現場を歩く」というのは、頭でっかちになりがちな社会課題に対する情報を、五感を駆使して「身体で感じる」ことです。足を動かす、目をこらす、耳を傾ける、手を動かす、匂いを嗅ぐ、味わう。身体を使って情報を感じ取ることで、思考が深まり、社会課題への理解が増します。デザインは、実際に手や身体を動かしてつくることが重要です。森を歩き、身体を動かして情報を集めながら、これは何だろう、どんなものだろうと体験して考えていく過程が、すでにソーシャルデザインの始まりなのです。

歩く場所や歩き方、歩く範囲や距離の自由度は高く、あなたに委ねられています。社会課題の森は、はじめて取り組むあなたにとって未開の森です。知らない場所であ

るために、足をとられたり、迷ったりすることもあり、踏み込んでいいのかわからない場合もあるかもしれません。まずは結果を急がずに、あなたの足で行ける範囲をゆっくりと歩いてみることから始めましょう。自分の五感を駆使して得たものは、社会課題の「生きた情報」なのです。

現場の歩き方

現場を歩く目的は、その現場を観察することです（現場の人の話を聞くことも大切なのですが、それは次のステップ「声を聞く」で紹介します）。観察とは、森の現象を理解することです。そのために、じっくり時間をかけて、自分の目で観察することが必要です。観察は次の４つのポイントを押さえて行いましょう。

ポイント１　五感で観察する
ポイント２　「？」に注意する
ポイント３　言語化・可視化する
ポイント４　仲間と共有する

ポイント1　五感で観察する

観察は、さまざまな行為を含んでいます。靴のかかとを減らすほど、その地域を隅から隅まで歩いてみる（まるで探偵のようですが）。ある場所に留まって、じっと人の動きを観察し続ける。気になる空間の音を聞いてみる、匂いを嗅ぐ、味わってみる、触ってみる。さまざまな方法があります。何か行事が行われていたら参加したり、作業を手伝ってみたりするという手もあるでしょう。どの方法が正解というものはありません。

全身を使って感じ取った情報は、課題を自分のものとして実感させてくれます。また、観察対象を選ぶ際の参考として、以下の5要素（AIUEO）*を頭に入れておくと、いろいろなものを見つけられるかもしれません。


A（activity）：人やモノの動き、流れ、経路、時間経過による変化。

I（interaction）：人同士やモノとヒトの相互作用、交流。

U（user）：その場所を利用している人のタイプ（性、年齢、グループ構成など）。

E（environment）：その場所の雰囲気、空間、設備、公共空間・私空間の境界。

O（object）：観察エリアに存在するモノ。独特なモノやないモノにも注目。

＊ AIUEO（アイウエオ）
リサーチの際に留意すべきキーワードの頭文字をとった、アメリカ発のツール。これを覚えておき、現場に臨むことで、視点を漏らすことなく、総合的な観察が可能となります。

ポイント2 「?」に注意する

観察するときには、常に自分が気になること、違和感をおぼえることを探しましょう。「何かおかしい?」「おもしろい!」「なぜだろう?」「何だろう?」という心の中の問いかけを意識して観察します。

気になった理由がよくわかり、納得できたものも大切ですが、それ以上に、理由がわからないものが重要です。人は自分の頭の枠組みの中で周囲の環境を理解しようとしがちです。理由がわからない「気になる」ものは、あなたの枠組みから少しはみ出たところにあるため、新しい発見や気づきを得られる、あなた自身が成長できる大きなチャンスです。そのまま放置せずに、しっかり記録し、後で振り返りましょう。

ポイント3 言語化・可視化する

観察した内容（観察日・時間、場所、観察事象、気になったこと・感想）を「観察シート（次頁）」に書き残しましょう。観察場所を正確に記録できるように、書き込むことができる白地図も持参しましょう。建物内部の観察の場合は、見取り図を描いてから始めましょう。同時に写真やビデオなどの映像記録も取っておきます。施設の資料、観光地図、ショップカードなど、現場で手に入るものはもらって帰りましょう。

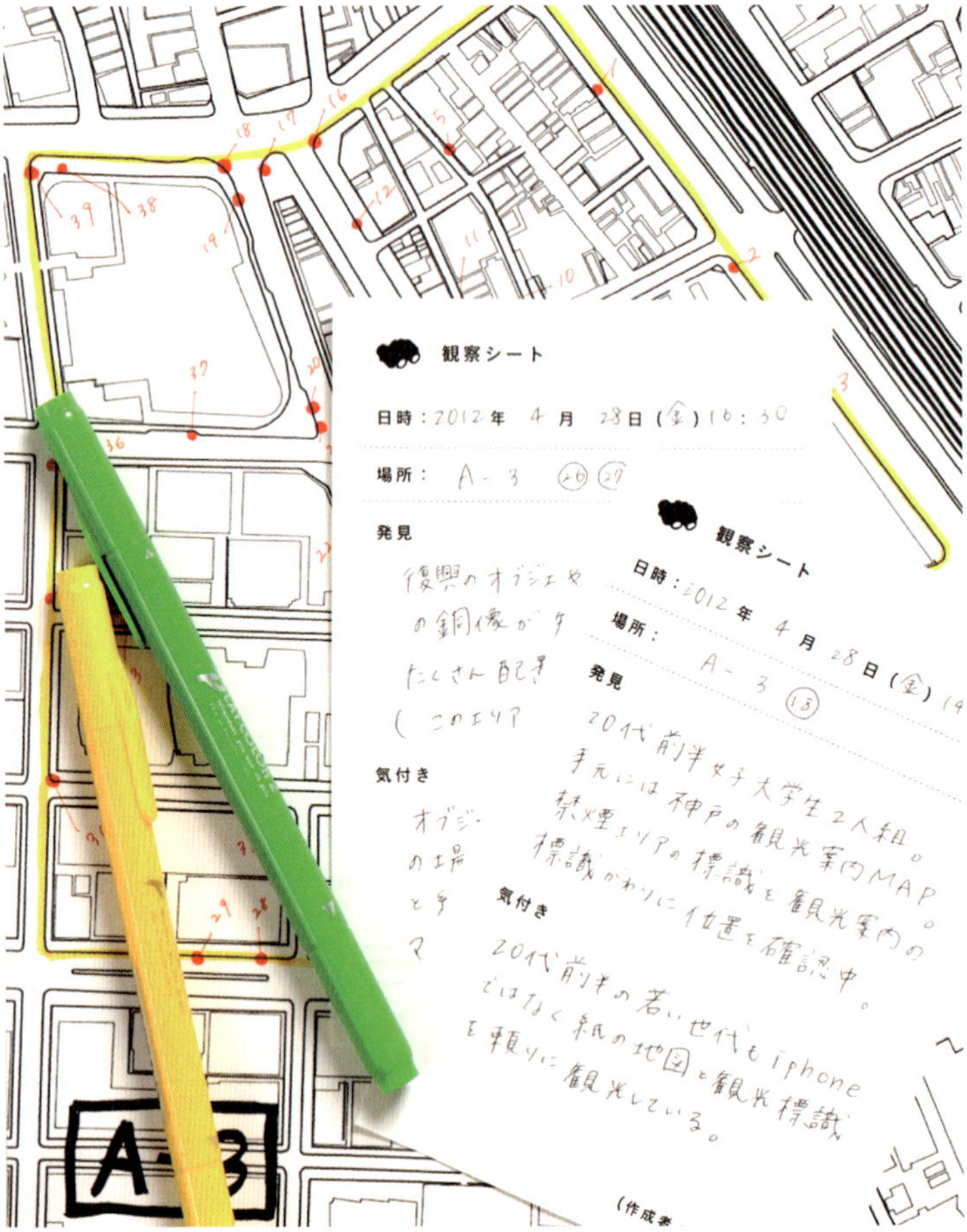

写真　観察シート

観察内容を、次の４つの項目に整理して記入するためのシートです。

ⅰ 観察日・時間　ⅱ 観察場所

ⅲ 観察事象　ⅳ 気になったこと・感想

ⅲとⅳを区別して書くことが大切です。何を目撃したのか、そのどこがなぜ気になったのかを書き残しましょう。

ポイント4　仲間と共有する

観察が終わったら、大きな白地図の上に、観察シートを貼り、全体を俯瞰してみましょう。これには二つの目的があります。一つはチームで情報共有するためです。二つめは、本人の観察能力を高めるためです。同じものを見ていても、気になるもの、発見するものは、人によって異なります。それは個人の視点に差があり、観察・発見能力も異なるからです。同じ人でも観察する際の心構えや視点の持ち方次第で発見できるものが変わります。たとえば、「赤いものを探す」と決めて、町を観察してみましょう。今まで気づかなかった意外な赤いものを見つけられるでしょう。赤の防災サインが目につき、街中に意外と多く表示されている防災情報について新たな発見があるかもしれません。「赤」という視点があなたの観察能力を高めるように、仲間が見つけた視点をもらうと、次の観察の際に、見つけられるものが格段に増えます。自分の中の観察センサーの感度がどんどん高まっていくのです。

観察は、ソーシャルデザインのＡＢＣのＡにあたります。物事についての情報を、人から与えられるのではなく、自ら実感をもって獲得する。その後、獲得した情報を自分の中で深化させていくのです。

先人から学ぶ

実際にその場に行っても体験できないことがあります。過去であり、長い時間の流れであり、今はもう存在しない「コト」「モノ」、すでにこの世にはいない人の証言、自分では行えない調査や体験の記録などです。そのようなもう一つの「現場」を歩く方法が文献調査です。

文献を読むよりも、自分の足で現地を歩いて得られた実地体験による情報のほうが重要で、実りが多いように思えます。しかし、過去や歴史は、今ここにいる人の幼少期のように、現在の社会課題を知るうえで見逃すことのできない背景です。そして、自分にはない専門スキルやノウハウを持った人の体験や調査から学べることは多く、これから自分が行う活動の刺激になります。

文献調査は、ソーシャルデザインのスタートと同時に始めましょう。特に、現場を歩くと同時に行う文献調査は、社会課題への理解を深めます。現場と文献を行き来していると、時空間の広がりをもった情報が身についていきます。その深い理解と知識は、ソーシャルデザインの各旅程のあらゆる場面で役立つはずです。

集めたい情報

ソーシャルデザインのプロジェクトでまず集めたい情報が3種類あります。

1．専門用語に関する基礎知識

2．基礎的な理論・評論

3．調査データ

まず社会課題に関する専門用語を理解するために必要な情報を集めましょう。たとえば認知症という課題については、見当識障害、居宅型介護、デイサービス……普段は耳にしない言葉があふれています。こうした用語に対するメンバー全員の認識が揃うように、専門用語を学びましょう。

次に、その領域の専門家や研究者の著作のうち、ベーシックな内容のものです。なぜ、中心市街地が衰退したのか？　その対策としてどんなことが考えられるのか？これらの疑問を解消するために、都市計画領域の専門書を読めば基本的なことは理解できるはずです。地域の発展・開発に関する情報が得られる郷土史などの研究書も重宝します。他には、地域のニュースを知ることができる地方紙の記事、住民・地域社会に焦点をあてたルポルタージュなども役立ちます。

最後は、あるテーマに沿って行われた調査データです。国や自治体が行っているものと、民間が行っているものがあります。教育を例にとると、日本の子どもの学力はどのように推移しているのか？　海外と比較するとどうなのか？　科目別では？　あらゆる視点からさまざまな調査・分析が行われています。

データは「視点」の宝庫

ソーシャルデザインにおいて、データは重要です。よく耳にする言葉ですが、データとは何でしょうか？　データとは、もともとは立論の基礎となる事実や数値、またはその資料のことです。データは、ある目的があって集められているものです。仮説を検証したい、現象を解明したい、未来を予測したい、などなど。裏を返せば、データとは、ある人がある明確な視点のもとに加工した数値や事実だと言えます。つまり、データを集めれば集めるほど、そのデータをつくったいろいろな人の視点が手に入るのです。ソーシャルデザインでは、現場の観察やインタビュー同様に、対象としている社会課題を知り、その見方について発見や気づきを与えてくれ、問題の輪郭を描き出してくれるものとしてデータを読んでいきます。

たとえば、厚生労働省の自殺対策白書*を見ると、世界各国の自殺率のデータが並んでいます。なぜ他国と比較をしているのか考えると、「日本は、自殺率が先進国の中でトップクラスであることを問題視しているようだ」という視点が浮かび上がってきます。そこから、なぜトップクラスなのか？　アジアの自殺率は高いのか？　ＧＤＰと相関があるのか？　など疑問や新たな視点が浮かんできます。

このように、世の中には自分ではできない大規模な調査データや多くの専門家による分析が無数に公開されています。これを活用しない手はありません。自分とは異なる視点の専門家がデータを通じて自分のプロジェクトに参加してくれているようなものです。

データ収集はデッサンに似ている

芸術作品の制作にたとえると、社会課題の解決策をつくる行程のデータ収集は、基礎的なデッサンのようなものです。物をいろんな角度・光・空間に置いて見ると、同じ物でもさまざまな見え方をします。デッサンは、物をいろいろな角度から見て、描くことで、物を総合的に捉えて、イメージを形成する作業だとも言えます。社会課題の解決策をつくるときも、デッサンのように、いろいろな視点でつくられた数多くの

＊自殺対策白書
自殺対策基本法（平成18年施行）の規定に基づき、日本における自殺の概要と政府が講じた自殺対策の実施の状況について、政府が毎年国会に提出する年次報告書。内閣府・共生社会政策のウェブサイトで公表されています。
http://www8.cao.go.jp/souki/

データを見て「総合的に事象を捉える」ことが大切です。

デザインというと、どうしてもアウトプットをつくることばかりに力点が置かれがちです。データのような数値はその対極にあるように思えます。しかし、アートでも建築でもファッションでも基礎がしっかりできているかどうかでアウトプットの出来に差が出るように、ソーシャルデザインにおいてデータ収集は基礎であり、行うか行わないかによって、解決策の完成度に大きな差が出ます。

探しかたのポイントは「数」

はじめは、データの探し方・選び方に戸惑うかもしれません。しかし、悩むより、まず探しましょう。「このデータが一番よさそうだ」「この分析が自分の考えに合っている」とひとつに固執しないようにしましょう。あらゆる角度から、あらゆる時空間の広さの中で、問題を捉えてみる基礎練習です。そのためにはデータの「数」が重要です。チームを組んでいるのなら、全員で集めてみましょう。データには「事実や数値」と「事実や数値を統計的手法によって処理した情報」、さらにそれらの「分析情報」があります。統計処理や分析には専門的な手法が必要ですが、それを勉強しなくても、統計処理された情報やわかりやすく分析された情報も公開されています。

どこで探すのか？

図書館

もっともいい場所は図書館です。書店では手に入らない、絶版になったものも閲覧できます。館内に設置されている端末を使った蔵書検索を手がかりに、実際に図書館内を歩いてみましょう。目指す本の隣に、もっと必要だった本が眠っている可能性があります。社会科学の棚から、人類学の棚、工学の棚へと移ってみましょう。一つの課題を別の視点から見るということを教えてくれます。「図書館を歩く」ことは、好奇心を発揮する・探す・発見する・多様な視点を持つことのトレーニングとなり、ソーシャルデザインのスキルアップにもなります。地域の図書館の所在地・蔵書を調べる際には、日本図書館協会の「公共図書館Ｗｅｂサイトのサービス」*が便利です。全都道府県の公共図書館と大学などの蔵書を一括検索できるリンクが掲載されています。

また図書館は郷土に関するさまざまな資料を所蔵しています。プロジェクトの対象である地域の歴史・文化・制度・教育などを調べるために欠かせません。

手に入れることが困難な書籍や論文を探す際に重宝するのが国立国会図書館*です。閉架式のため、資料を自由に手に取ることはできませんが、雑誌や論文のタイトルで

＊ 公共図書館横断検索
日本図書館協会のトップページから「図書館リンク集」→「公共図書館Ｗｅｂサイトのサービス」から各都道府県の横断検索へリンクしています。キーワード検索をすると、お目当ての本が県内のどこの図書館に蔵書されているかを調べることができます。
http://www.jla.or.jp/link/link/tabid/167/Default.aspx

＊ 国立国会図書館
国会議員、行政、ならびに日本国民の調査研究のための図書館。納本制度に基づいて、日本国内で出版されたすべての出版物を収集・保存しています。
http://www.ndl.go.jp/

検索が可能なため、キーとなる重要な論文を探す際には重宝します。コピーを郵送で送ってもらうことも可能です。

また、防災センターの図書室、小学校の職員室の書架など、関連する場所の書架には分野を横断して関連する役立つ書籍が並んでいることが多いので、閲覧許可を得ることができれば利用しましょう。

大型書店

大型書店はアクセスが便利な場所にあることが多く、気軽に何度も行けるので重宝します。書店では、主に新しい出版物、話題の出版物を探しましょう。関連する地域や社会課題のコーナーに平積みされている書籍を観察すると、どんなトピックが今注目されているのか？　何が争点なのか？　キーワードは何なのか？　という時代の大きな流れを把握することができます。

僕は、はじめての都市に行ったときには、各地の中心市街地の書店に必ず行くことにしています。大型書店や特定の地方のチェーン店などでは地域関連の書籍を集めたコーナーを設けていることが多く、その地域でしか流通していない本を手に入れられることがあります。

インターネット

グーグルなどの検索エンジンでキーワードを変えて検索するだけで、さまざまな調査結果や文献、グラフなどが見つかります。それももちろん役立ちますが、もっと確かな情報を得るために、知っておくと便利なサイトとその使い方を紹介しておきます。

【各官公庁ウェブサイト】

各社会課題に関する日本の情勢をもっとも把握しているのが官公庁です。各官公庁のウェブサイトには実に豊富な情報が眠っています。ただし、そこから欲しい情報を見つけるのは結構大変です（もう少し使いやすくなるといいのですが）。僕が使うのは主に二つの方法です。

一つは関連する審議会や研究会を追跡することです。新しい政策立案のために、ありとあらゆる審議会が開催されています。審議会には、各分野の最先端の人（研究者、記者・編集者、企業経営者、ＮＰＯ代表、起業家など）が呼ばれます。審議会参加者が用意するプレゼンテーションのスライドはたいへん勉強になります。その領域の専門家が自分の知見をまとめたものを見ることができるのです。

二つめは白書です。厚生労働白書、エネルギー白書、自殺対策白書などなど、各官公庁が分厚い書類を毎年発行しており、ほとんどのものをＰＤＦでダウンロードできます。白書は、国が社会の問題や情勢に対してどんな認識を持っていて、どういう対策を講じているか概観できるため重宝します。また、中に大量のグラフやチャートがあるため、そこからも多くのことが学べます。

【政府統計の総合窓口（e-Stat）】

政府が公式に行っている調査（国勢調査、住宅・統計調査、学校基本調査など）のポータルサイトです。このサイトを使いこなすことができると、社会課題への理解が格段に深まり、説得力の高い企画書づくりに役立ちます。

このサイトの特徴はとにかくデータの量が多いことです。大量のデータの中から自分が欲しいデータにたどりつけるようになるには、とにかく慣れること、何度も使ってみることです。

最初のうちは、どれが自分に必要なものか見極めるのが難しいでしょう。そのときは、前述した白書と一緒に使うといいでしょう。白書の中に登場するグラフの出典を確認しましょう。役に立つと思ったデータの出典を見ると、調査名と調査年度が書かれています。このデータを探ってみると、関連する周辺のデータも手に入ります。白書とe-Statを何度か行き来していると、自分が必要としているデータの勘所がわかるようになります。

＊ e-Stat

各省庁の統計情報をワンストップで検索・閲覧できる、政府統計のポータルサイト。統計データを探す、主要な統計指標の表やグラフを見る、調査項目を調べるなど、日本の政府関係の統計を多方面から調べることができます。

http://www.e-stat.go.jp/

【学術コンテンツ・ポータル（GeNii）*】

より専門的な論文を読みたいときに使うのが、国立情報学研究所のポータルサイトです。そこまで読むことはないよと思うかもしれません。たしかに、僕らは研究者ではないので、闇雲に難解な論文を読む必要はありません。ただし、関連する書籍や記事を見ていると、参考文献として論文を挙げていることがよくあります。その研究者の視点や研究内容が解決策のキーになると思ったときに重宝します。学術論文と聞くと、読むのが難しそう、時間がかかりそうという印象を持ちがちですが、分量の少ない論文ならば、専門書を読むことに比べるとそれほど大変ではありません。

その他にも、業界団体、調査会社、銀行系・企業系・業界系シンクタンクなども、あらゆる調査結果と研究レポートを公表しています。また、個人が公表しているデータを収集し、グラフ等に加工してくれている便利なサイトもあります。チームメンバー全員があらゆるルートから探し、全員がデータ集めに慣れていくほうがいいのですが、最初のころは政府系、シンクタンク系などとジャンル別に分担してもいいでしょう。自分なりの検索・調査方法で、広く深く早くデータにアプローチする方法を見つけてください。

＊GeNii
日本の学術論文や大学図書館所蔵雑誌・図書などを総合的に検索できるサービス。図書になって出版されているもの、新聞・雑誌などに掲載されたものなど論文の発表年・形態などの詳細情報がわかるほか、ダウンロードできるものもあります。
http://ge.nii.ac.jp/

統計データを読む

本格的なデータ分析には統計・解析の専門的なスキルが必要です。その習得には相当の時間がかかります。専門的な統計・解析のスキルを身につければソーシャルデザインを実践するにあたっても大きな武器になります。とはいえ、すべての人ができなければならないかというと、そんなこともありません。複雑な分析はできなくても、データを読み、簡単なフォーマットにまとめることができれば、森（社会課題）を知るという目的に対して十分こと足ります。

森を知るための基本的なデータには主に以下の4種類があります。データ*の一例と、その読み方を簡単に紹介します。

「変化を読む」データ

「地域性を読む」データ

「構成を読む」データ

「関係性を読む」データ

＊ 社会課題のデータ

拙著『地域を変えるデザイン』（英治出版）の第一部では、日本の20の社会課題の過去、現在、未来に関する多くのデータを紹介しています。

▼日本の総人口の推移（2000-2010年）

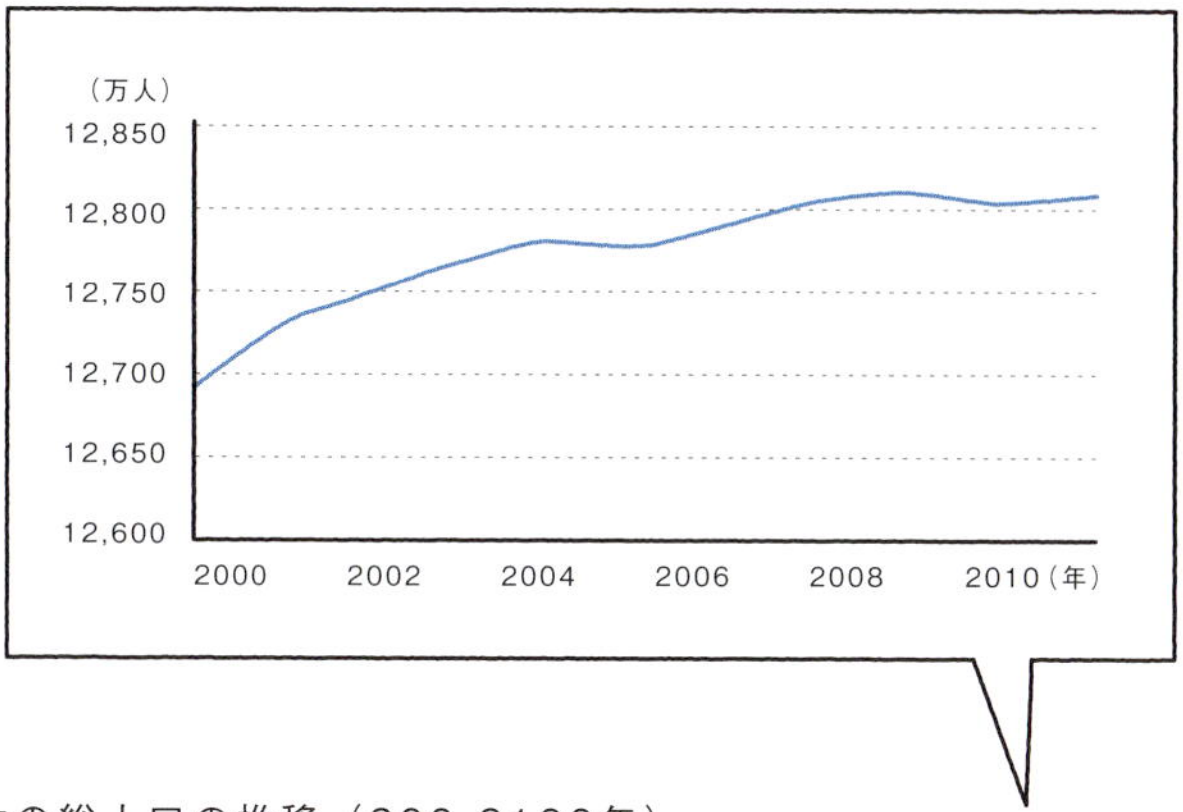

▼日本の総人口の推移（800-2100年）

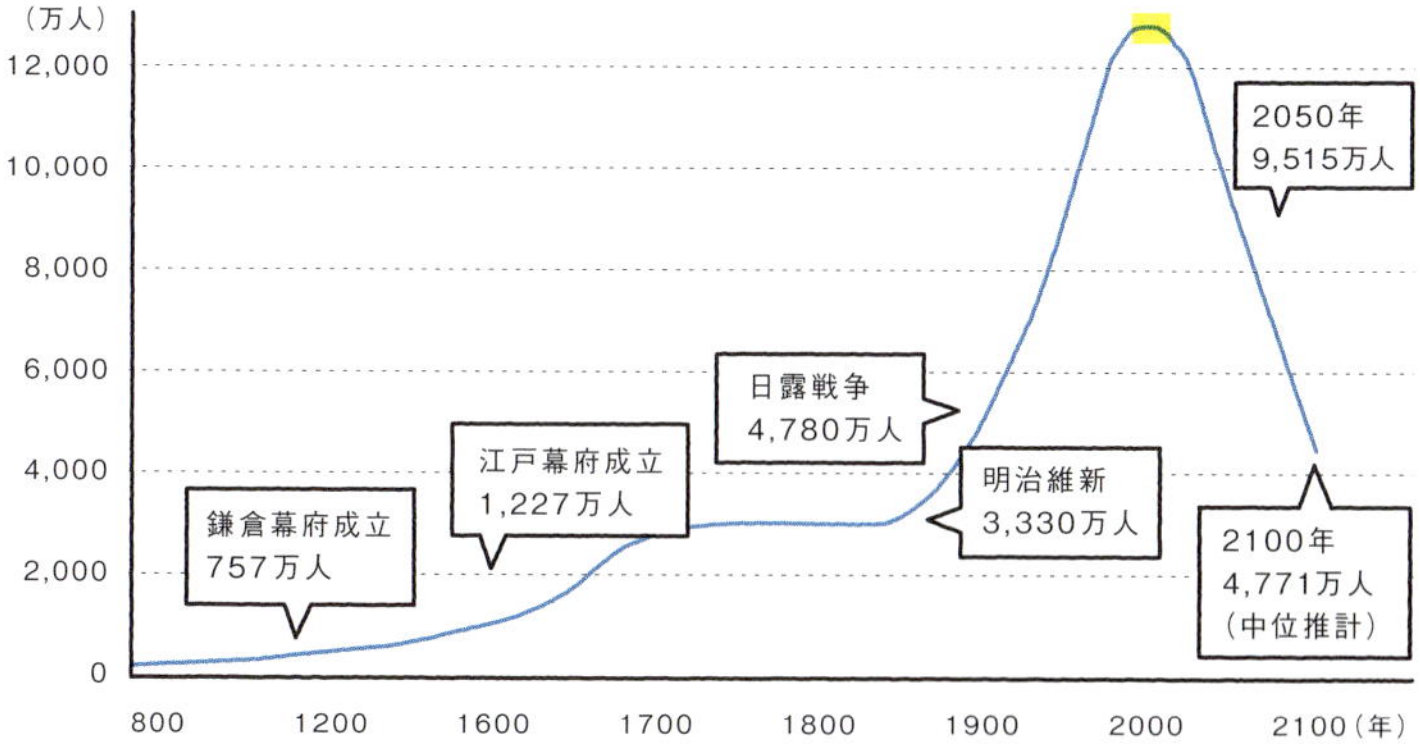

「変化を読む」データ

社会課題を理解するためにもっとも頻繁に使うタイプのデータです。折れ線グラフや棒グラフで過去から現在、そして未来に至るまでの数字の変化を表現したものです。このデータを読む際には、縦軸と横軸の設定に注意しましょう。図（上）は2010年までの日本の人口の変化を表したものです。まだまだ増加しているように見えます。しかし、縦軸を0から1億3000万人に、横軸を西暦800年から2100年までに延ばしてみると、見え方は大きく変わります。日本の人口は大きく減少し、2100年には5000万人を割ると予測されています。

出典
国立社会保障・人口問題研究所「日本の将来推計人口」（2006年12月推計）中位推計値、および国土庁「日本列島における人口分布変動の長時系列分析」

▼ 人口1000人あたりの医師数に関する国際比較（2010年）

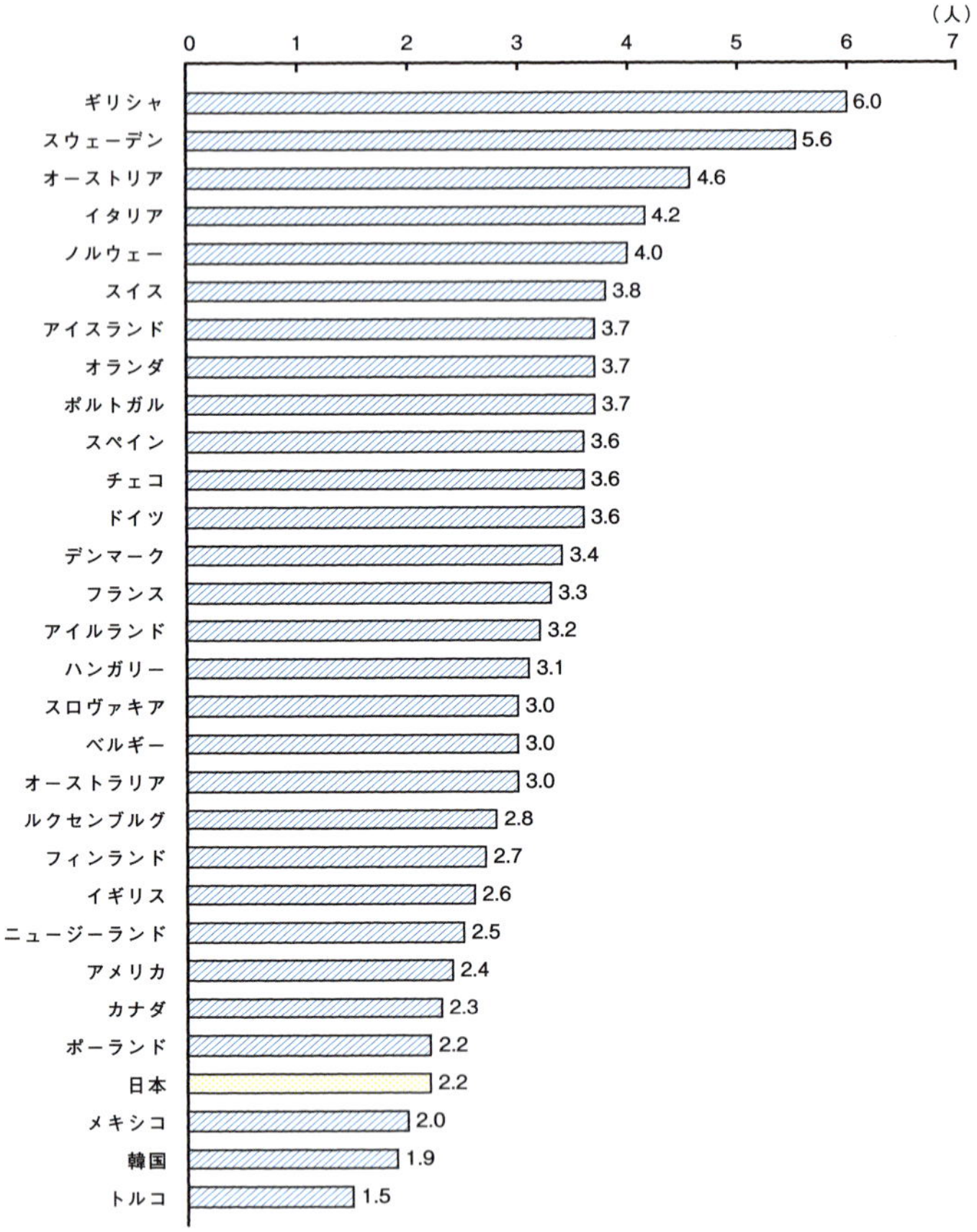

▼都道府県別高齢者増加率（2030年65歳以上人口の2005年比）

順位	都道府県	増加率
1位	埼玉県	76%増
2位	沖縄県	71%増
3位	神奈川県	71%増
4位	千葉県	71%増
5位	愛知県	58%増
6位	滋賀県	56%増
7位	東京都	55%増
8位	茨城県	49%増
9位	栃木県	48%増
10位	大阪府	46%増
43位	山口県	15%増
44位	高知県	13%増
45位	山形県	12%増
46位	秋田県	10%増
47位	島根県	8%増

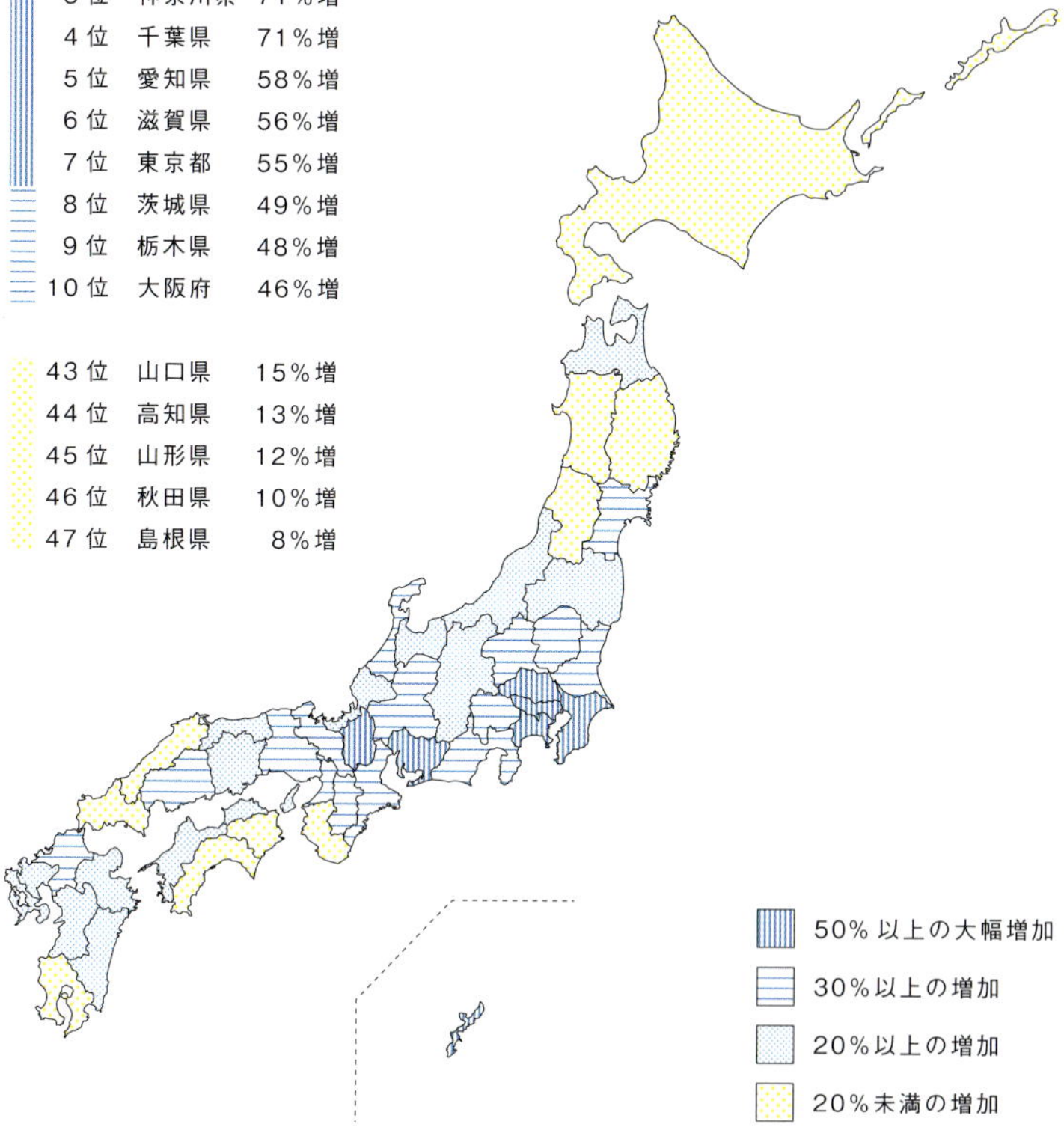

「地域性を読む」データ

地域の特徴を知るためのデータです。右ページの図は人口あたりの医師数の国際比較です。「日本の医療環境は優れている」というイメージがありましたが、この指標では調査対象30カ国中27位です。都道府県の高齢者の増加率（65歳以上人口の増加率）を色で識別できるようにしたものが上の図です。高齢化というと、地方都市圏で進行している印象があります。しかし、この図では関東圏、関西圏で高いことがわかります。これは高齢者の数や比率ではなく、今後の増加率を表したためです。今後、大都市圏で急激に高齢者の数が増えることがわかります。

出典
（右）厚生労働省「平成22年度厚生労働白書」
（左）国立社会保障・人口問題研究所「日本の都道府県別将来推計人口」（2007年5月推計）中位推計値

▼日本人の死因の分布（2009年）

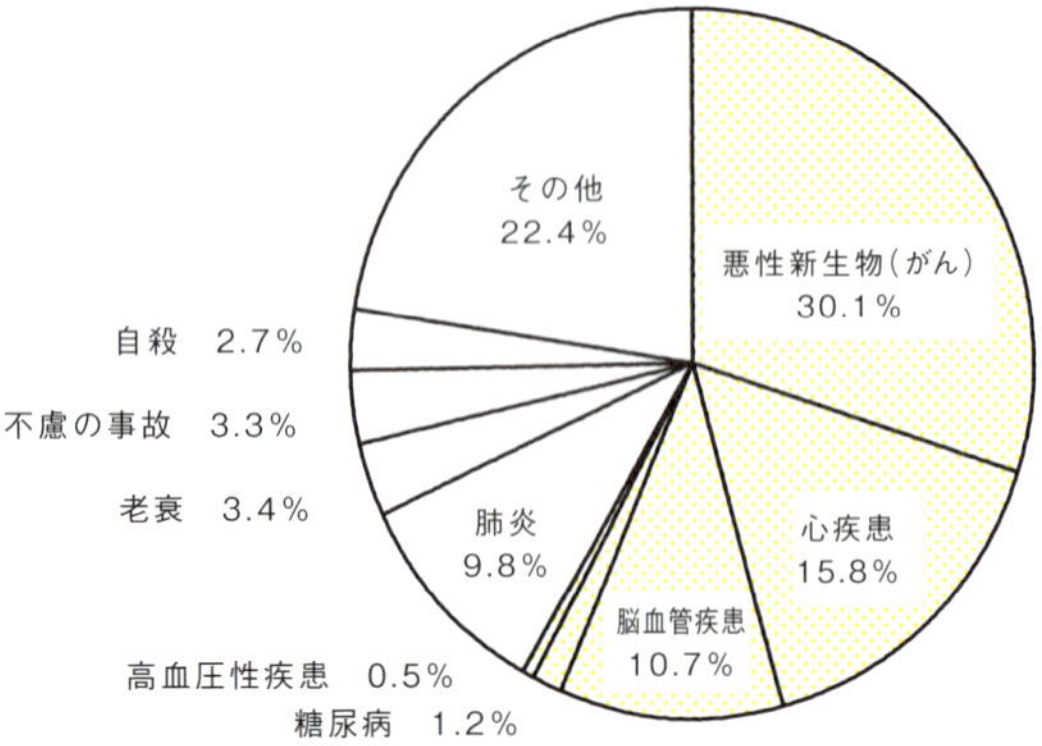

▼世代別に見た日本人の死因の分布（2009年）

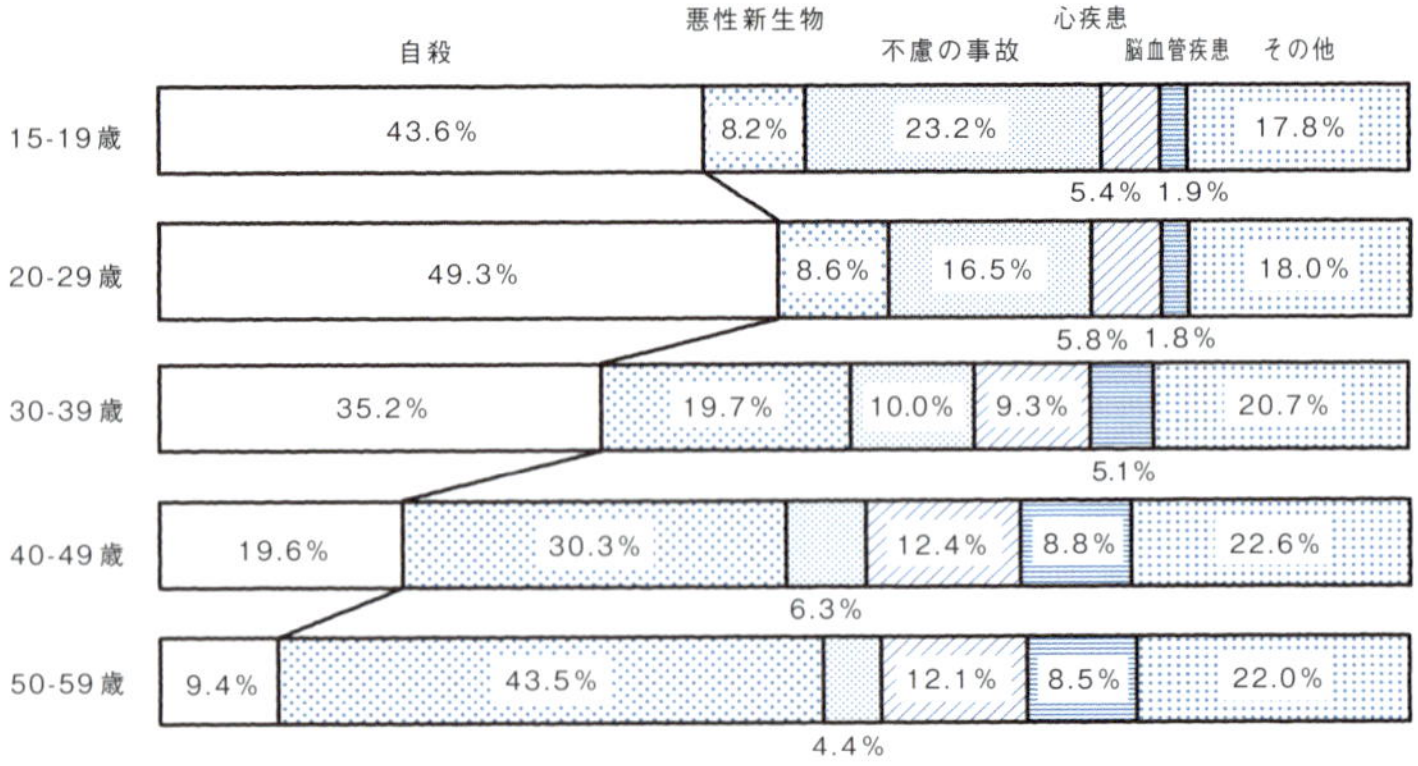

「構成を読む」データ

全体に占める各要素の割合を示したデータです。図（上）からは、日本人の死因について、生活習慣病とがんに起因するもの（心疾患、脳血管疾患、糖尿病、高血圧性疾患など）が6割を占めていることがわかります。また、図（下）のように、ある指標について、性別・年代・地域などで構成の違いを見るためにも使われます。ここでは、20代の死因の約半数を自殺が占めており、年齢があがるにつれて、自殺の占める割合が減っていくことがわかります。

出典
厚生労働省「平成21年人口動態調査」

▼共働き世帯数の推移

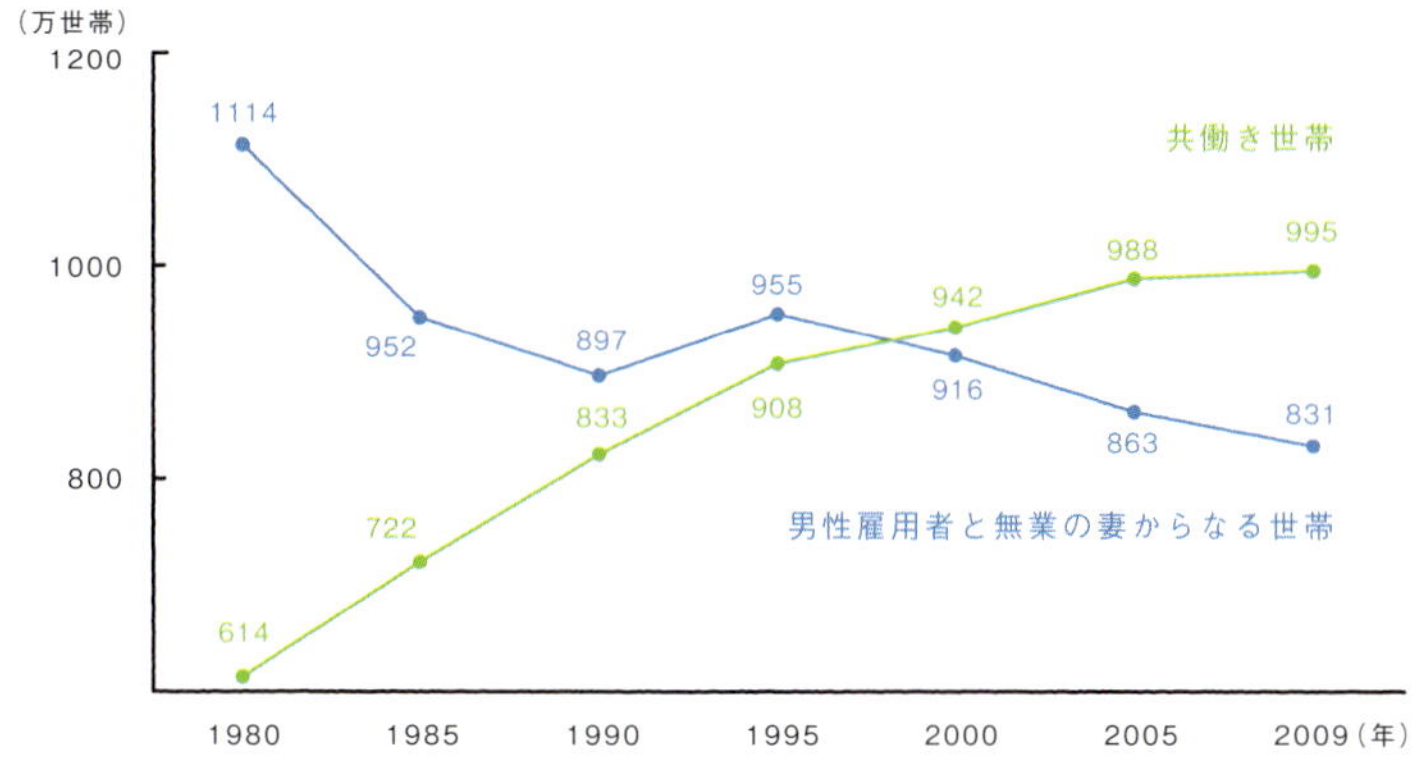

▼女性の就業率と出生率の関係性

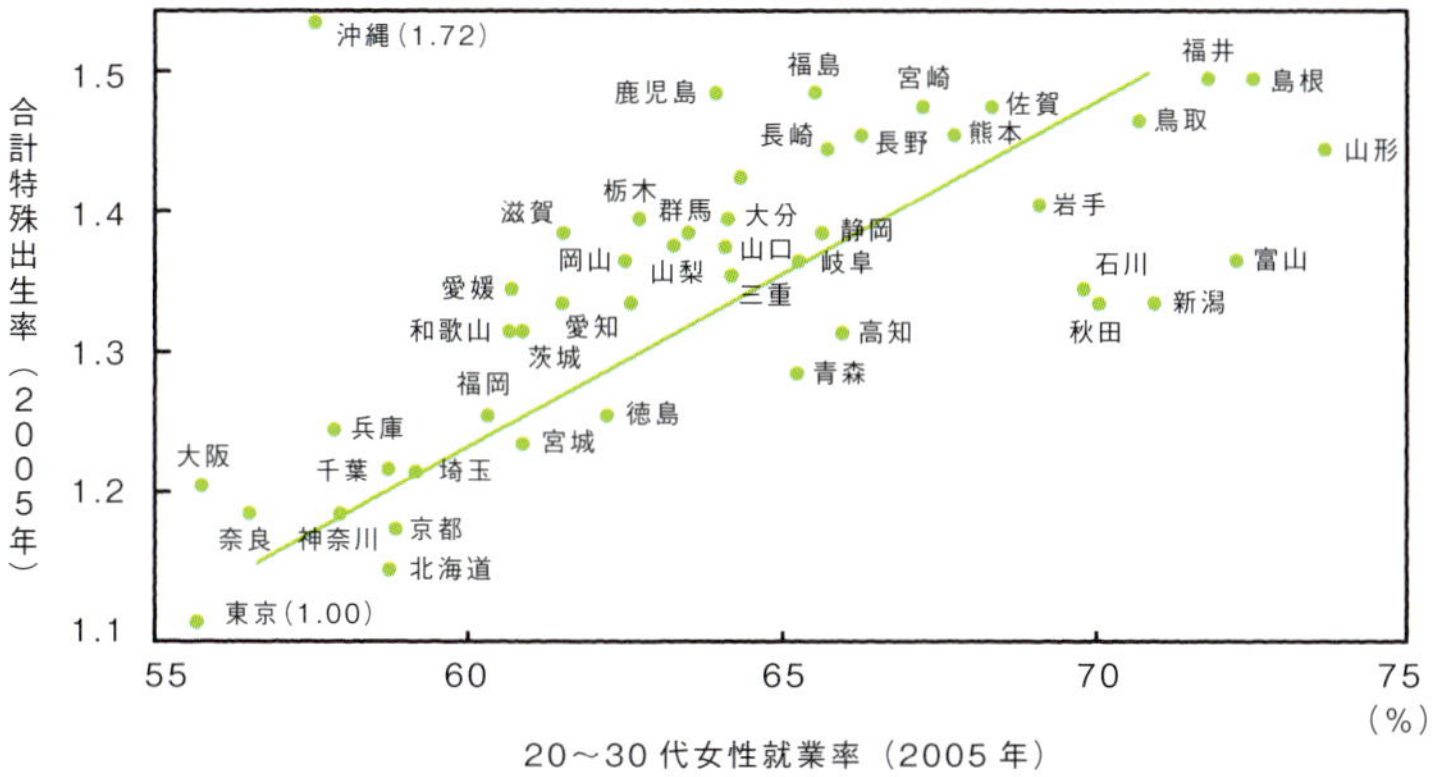

「関係性を読む」データ

応用編です。二つの指標を組み合わせて、その関係性を読むことで新たな発見が得られることがあります。図（上）は「変化を読む」の応用編で、二つの折れ線グラフを配置したものです。90年代後半に共働き世代の数が専業主婦世帯の数を逆転しており、日本人の労働・育児スタイルの転換点だったことがみてとれます。二つの量的変数を両軸に置いてデータをプロットした散布図も効果的です。「地域性を読む」の応用です。図（下）からは女性の就業率が高い県ほど、子どもを産む数が多いという傾向が見えてきます。

出典
（上）厚生労働省「平成22年度厚生労働白書」
（下）藻谷浩介『実測！ニッポンの地域力』日本経済新聞出版社

チームで読む

プロジェクトをチームで進めている場合は、みんなでデータを集めて、みんなで読み込みましょう。この作業は一部の専門家や得意な人に任せてしまいがちですが、それはチームにとっても作業をしないメンバーにとってもマイナスです。得手不得手があるので、全員が同じレベルのものを集めるのは無理でしょうが、その人なりの考えや方法で集めて持ち寄りましょう。その際には、データ共有シートを使うと便利です。シートを持ち寄り、その人なりの解釈を発表し、共有しましょう。同じデータでも、人によって解釈が違うこともあるでしょう。データ分析に不慣れな人がおもしろいデータを見つけてきたり、専門家には見慣れたデータでも独自の解釈や発見をしたりすることはよくあります。

この作業によって、チームが漠然と思っていたことの詳細が明確になると同時に、それぞれの思いや考えも確認できます。同じ方向を向いているようでも、個々に差異があって当たり前です。その差を尊重しながら、進む方向の微調整を図ることも一つの目的です。集めたデータと気づきは、資料としてまとめておきましょう。新たな協力者を得たいとき、活動を説明したり公表する必要が生じたとき、必ず役に立ちます。

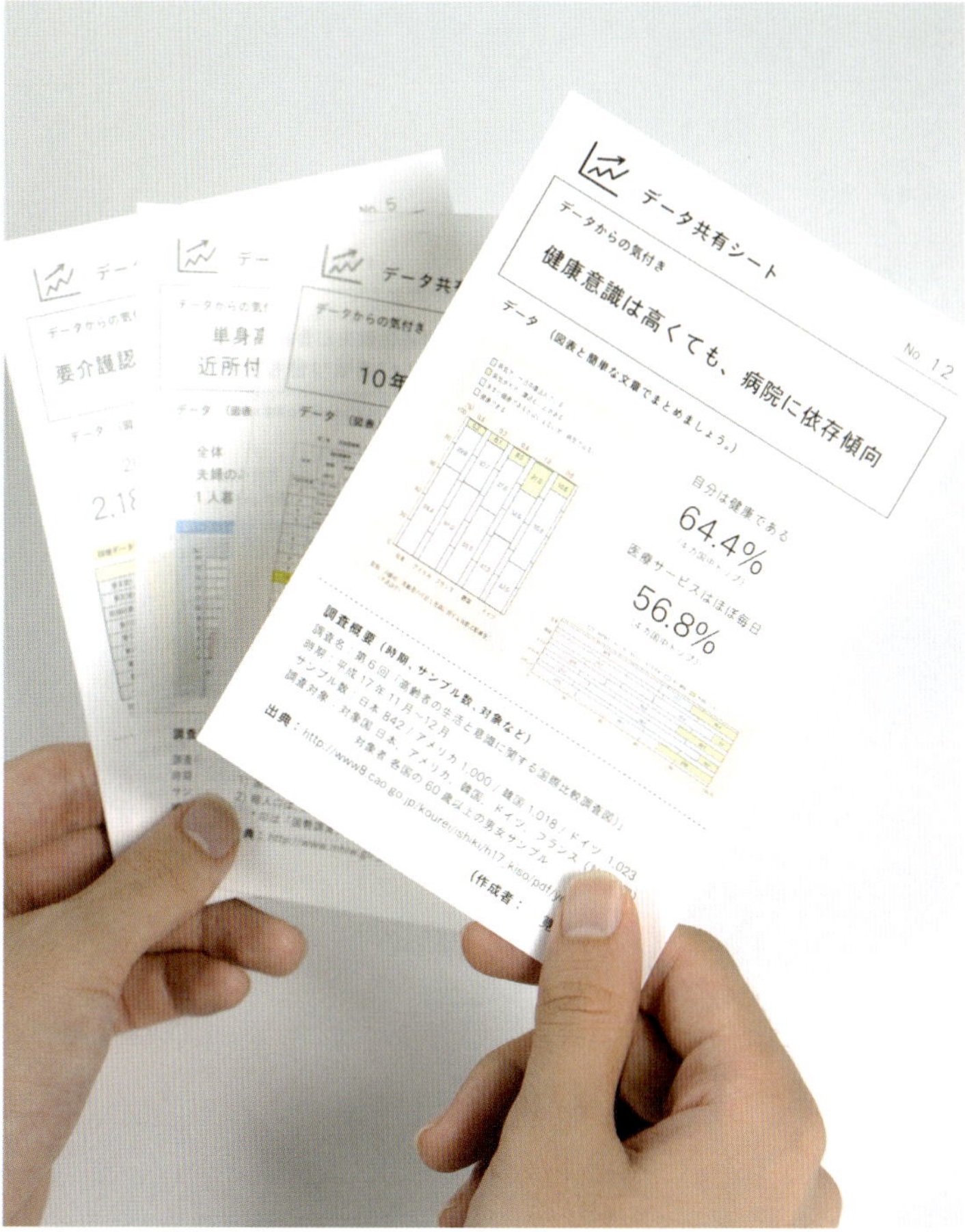

写真　データ共有シート

「生活習慣病」に関するワークショップで使用したシート。データからの気づき、データのサマリー、調査概要、出典を記入しましょう。

Journey 2

第2章

声を聞く

森には、さまざまな声と活動の気配が満ちています。
森の中に囚われた人の、その人を助けるために活動する人の、
小さなため息、嘆きや困惑のつぶやき、励ましの声……
それらは、森がまさに生きている、
日々変化する現実であることの証です。
多くの声に耳を傾け、足跡一つひとつをたどり、
森の息づかいをつかまえに行きましょう。

社会課題を「自分ごと」にする

社会課題の渦中にあって満足な生活ができなくなった人、トラブルや悩みを抱えている人、その人たちのためにサービスを提供する人、支援をかってでる人……森の中にはさまざまな人がいます。社会課題解決のための道をつくるには、まずその人たちの「声」を聞かなければなりません。

「森を知る」過程で、社会課題の全体像を大きく理解しました。「声を聞く」ことは、森の中の1本1本の木を見て森を奥深くまで探究する作業です。観察が目で様子を捉える行為、データの収集が数や量で概要をつかむ行為なら、声を聞くことは、もう一歩踏み込んで「森を自分の問題として認知する」行為だと言えます。社会課題を身近に感じるためには、人と正面から向き合わなければいけません。向き合うことによって、関係性が生まれます。その関係性が課題を他人ごとではない「自分ごと」にしてくれます。

「自分ごと」という言葉は、近年、災害や環境問題をはじめ、ビジネスの世界でも広く使われるようになりました。つまり他人ごととしてではなく、当事者意識をもって事に当たることを指し、ソーシャルデザインでは特に大きな意味を持っています。「森を知る」「声を聞く」過程をあせらず、丁寧に行うことで、「自分ごと」の質に大きな差が出ます。それは、解決策の質も大きく左右します。

声を聞くためには、エスノグラフィー*と呼ばれる、社会学、文化人類学で用いられる調査手法に沿ってインタビューを行います。エスノグラフィーの目的は調査フィールドで起きている現象をとらえることです。インタビューの対象となる人を通じて、社会課題を深く理解することができます。

一人が、または一チームが、インタビューで聞くことのできる声の量は少なく、カバーできる時空間も限られます。それよりも、数百人、数千人の住民の声を集めるアンケート調査（定量調査）に頼ったほうが客観的で信頼できる情報が得られると思うかもしれません。たしかに、住民の抱えている問題の傾向把握や比較検討は定量調査で行うことができます。しかし、なぜそんな状態に陥っているのか？　どのように対処しているのか？　そこで感じている苦悩は？　どこに解決の糸口があるのか？　こうした人の行動や気持ちの詳細、その背景まで知ることはできません。

森の住民の「声を聞く」ことは、社会課題の深層に触れ、自分ごととして据え直し、課題を深く掘り下げる作業なのです。

＊エスノグラフィー
「ethno＝民族の」＋「graphy＝…を記録したもの」、つまり、あるフィールドの現象を記述する手法、またはその成果物。文化人類学において異文化や他者を理解するための調査研究手法として発展し、現在は社会科学分野で広く行われるとともに、ビジネス分野の諸調査などでも使われています。

住民の声を聞く

森の住民とは、森にもっとも深くかかわる人、その社会課題の影響を受けている人のことです。住民の声を聞く作業は、ソーシャルデザインの全行程に影響する最重要のプロセスの一つです。

一般的なインタビューはあるテーマにそって対象者の話を聞き、話そのものをコンテンツとして活用します。それに対してエスノグラフィーのインタビューは、端的にいうと調査データの収集です。対象者から聞いた話は細かく分析され、テーマに対する「解」を導くために使われます。そして、ある民族、地域、文化を研究した学問として論文にまとめられます。エスノグラフィーの手法はビジネスにも応用されており、特に物やシステムをデザインする際に人と物との関係性の解明や最適化を行うためのツールとして工業デザイン、情報デザインの分野で広く使われています。

学問の世界で行われるエスノグラフィーでは〝対象への関わりの質（どれだけ深く対象に関与できるか）〟が問われます。そのため、調査の目的は絞り込まず、十分な期間を取って、対象者と濃密な関係を持ち、何度も繰り返しインタビューを重ねるのが通例です。それに対してビジネスの場合には、目的がはっきりしているため、それに合わせて人数・ターゲット・エリアを絞って、比較的短期間で行われる場合が多いようです。

ソーシャルデザインのインタビューは、学問分野とビジネス分野の両方を応用したかたちで行います。社会課題の影響下にある住民の生活を深く理解するためには、目的を絞り込まずに、広い視野をもって行わなければなりません。しかし、解決策を探すための調査なので、比較的短期間で、社会課題を自分ごと化するために必要な量の情報を得なければいけません。

インタビュー、4つのポイント

仮説を持たずに真っ白な心で

ソーシャルデザインのインタビューでもっとも大切なことです。これまでのデータの分析や現場の観察からも何か解決のヒントになりそうなことを発見しているでしょう。あるいは解決策のアイデアが浮かんでいるかもしれません。しかし、このインタビュー中には、その仮説をいったん忘れましょう。仮説を持ってインタビューに臨むと、その視点から相手の話を聞き、その視点から質問をしてしまいます。それでは、自分にはないまったく新しい視点を手に入れる機会をみすみす逃してしまいます。真っ白な心でヒアリングを始め、新しい発見に対して貪欲になりましょう。

他者の体験を自分のものに

住民の声を聞くことの一番の目的は、その社会課題の影響下にある住民の状況、感情、苦悩、生活スタイルを自分のものにすることです。つらい立場に置かれている人の話を聞いて、他人ごととして同情するのではなく、自分ごととして「その状況からどうやって脱出しようか」と感じることができるレベルまで深く飲み込む必要があり

ます。インタビューをしながら、対象者の話す内容が自分ごと化できているかを常に確認しましょう。自分ごと化できた体験が、この先にアイデアを考え、実行していく際のあなたの土台になるのです。

光明を探す

社会課題に直面している人に対して、何かをもたらしたり何かを取り除いたりすれば、その状況は好転していくのではないか。その「何か」が解決策の光明です。この光明を見つけたときは、自分の中に二つの動きが生じます。

一つは、鮮烈な印象を感じたり、想像力を刺激されたりという、「あ！と思う」「ピンとくる」瞬間です。

もう一つは「わからない」「何だろう」「はじめてだ」という、揺れる感情です。その状態に対して一瞬動揺しますが、実はそれが〝新しい何か〟との出会いの瞬間なのです。その動揺を受け止め、さらに質問を深めていきましょう。ここは問題の深い部分だなと思ったらあえて踏み込んで質問してみる。それ以上聞くのが困難ならば引き返して別の方向から質問してみる。せっかく見つけた光明を逃さずに、その話を深めていきましょう。

客観的な自分を忘れない

森の住民の声を深く飲み込むことと、まったく逆のことを言います。他者の体験をあたかも自分の体験であるかのように受け入れると同時に、その状況を客観視している自分を保ちましょう。インタビューにのめり込むと、問題の渦中にある人の底深い物語に飲み込まれてしまうことがあります。感情に流されずに、意志をもってその物語を受け止めるようにしましょう。

インタビュー中は二人の自分を意識します。一人目は、その物語に深く共感している自分です。二人目は共感している自分を斜め上から客観視している自分です。特定の話に夢中になっていては、あっという間に時間が経ってしまいます。興味深い話を深めつつも、二人目の自分は常に話の内容を検証して、聞きたいことをしっかり漏れなく聞くことが大切です。

婚活をテーマにある未婚男性へのインタビューを行ったとき、その人が結婚しない理由を探っていたのですが、過去の恋愛話が盛り上がり過ぎて現在の心情に深く共感できるところまで達することができなかった経験があります。話が盛り上がったとき、相手の話が偏ってきたとき、主題を意識して軌道修正できる斜め上の自分を忘れないようにしましょう。

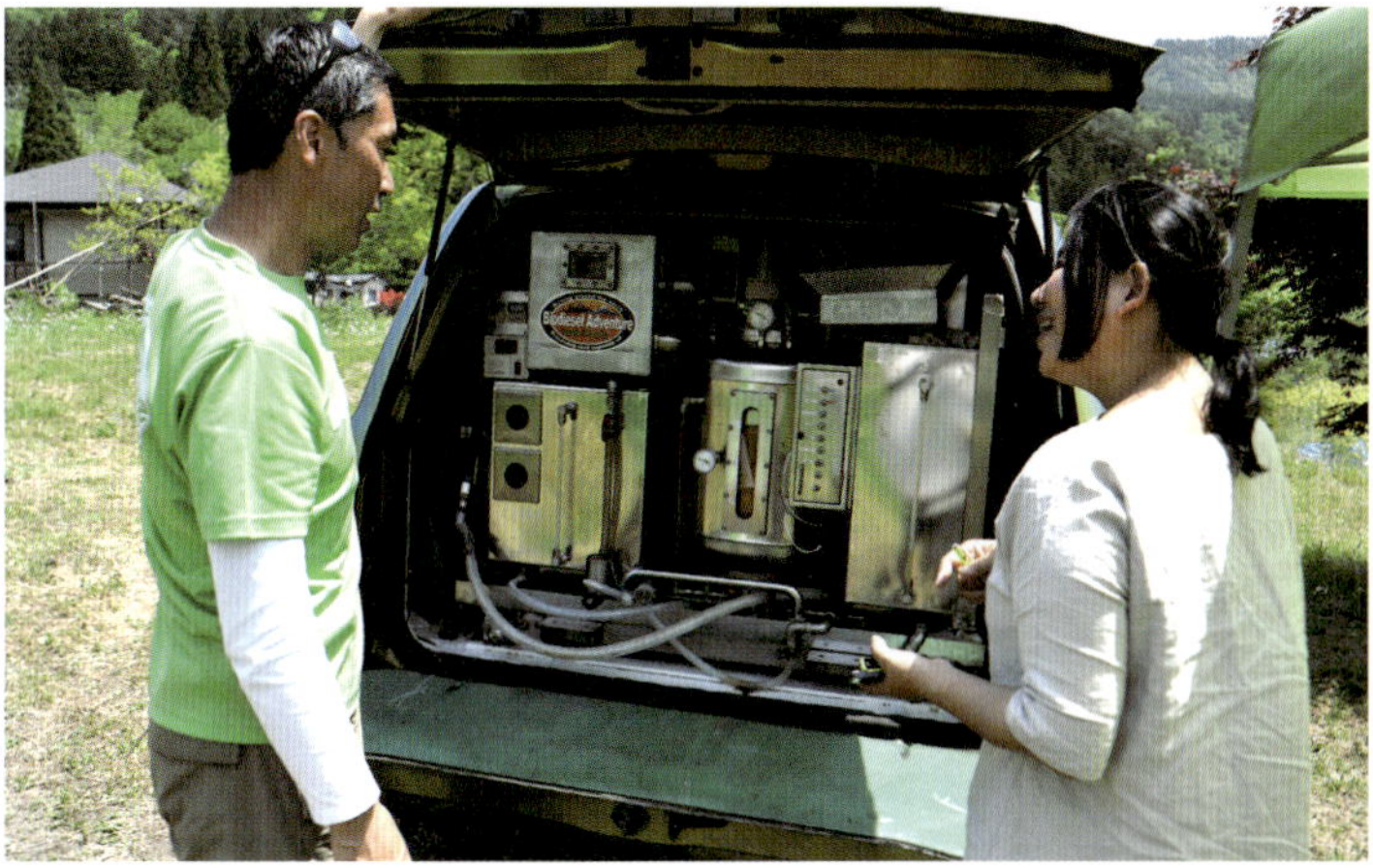

写真　インタビュー風景①
菜の花の栽培と菜種油で動く自動車を開発している男性へのインタビュー。

声を聞くテクニック1　対象者選び

対象は、森の住民＝社会課題の影響下にある人です。〝解決策の光明を与えてくれるような、特徴的な物事を指し示してくれる声〟を聞かなければなりません。そのための方法として、大多数の声を代弁するような人ではなく、その問題に対して強い感情や独自の考え方の持ち主、特徴的な行動をとっている人＝「キーパーソン」の声を聞く方法をとります。ビジネス領域でのエスノグラフィーではエクストリーム・ユーザー*（極端なユーザー）と呼びます。

だれがキーパーソンなのかは、インタビューをしてみないとわからないというのが正直なところですが、出会いの精度を高めるためのポイントが二つあります。

一つは課題の深刻度です。キーパーソンは基本的に、その課題から大きな影響を受けている人、大きなトラブルを抱えている人です。うつ病や生活習慣病の患者、シャッター商店街の店主、生活保護の受給者などが該当します。こういう人とのコネクションを粘り強く探しましょう。

もう一つは多様性と特殊性です。この段階では、仮説を持たずに真っ白な視点で声を聞く必要があります。そのため、さまざまなタイプの人にアプローチするように

＊エクストリーム・ユーザー
頻繁に利用する、想定外の変わった使い方をしている、あえて使用しないなどの特徴を持つ極端なユーザーは、製品・サービスについて強い意見を持っており、多くの一般ユーザーを調べるより短期間で質の高い調査結果を得ることができます。

しましょう。子育てをテーマにしていたとします。漠然と子育て中の母親を対象にしていては、さまざまなタイプの人には出会えません。大都市で5人子どもがいる子だくさんママ、離島で暮らすシングルマザー、双子を育てている中国人ママ……何らかの特殊な条件で暮らす人からは示唆に富んだ話が聞ける可能性が高いと言えます。

深刻な課題に直面している人や特殊な条件下の人からは、特殊な声しか聞けないのでは？　と疑問に思うかもしれません。しかし、その特殊な声の背後にはそれだけの理由があるはずです。その理由にこそ、解決策の大きなヒントが隠れている可能性が高いのです。声は特殊でも、その背後にある深い思いは多くの人にあてはまる普遍的なものであることが多いのです。また大多数を占める一般的な人の共通項であれば、先人が集めてくれた書籍やデータを読むだけでかなり理解できるはずです。

いずれにしても、人づてで探していくことになります。プロジェクトに共感してもらえる行政職員、関連するＮＰＯ関係者などがいる場合は、その人から紹介してもらうのがもっとも近道です。確かな目を持っている人の確かな紹介ほど頼りになることはありません。そして、日々その人と日常的に接している立場から、インタビュー時の注意を指摘してもらうことができます。また、それらの人たちからの紹介を得ることで、キーパーソンにも安心感をもってインタビューを受けてもらうことができます。

声を聞くテクニック2　事前準備

お願いとアポイントメント

「○○（社会課題）に対する解決策を考えるプロジェクト」を行っていること、そのためにご意見をうかがいたいと思っている旨を伝えて協力をお願いします。

活動基盤がはっきりわかるもの、名刺やパンフレットなどがあればファックスやメール等で送付するのも効果的です。ない場合には、信頼してもらうための手だてとして、プロジェクトの内容や構成メンバーなどを紹介した、しっかりした資料を作成してインタビュー当日に持参します。

質問項目の設定

事前に、リサーチテーマに沿ってどんな内容を聞くかという流れを整理しておきましょう。インタビューには、事前に決めた質問項目通りに聞く方法と、ある程度の流れだけを決めておいて対象者とのやりとりによって臨機応変に質問をつくりながら進める方法があります。インタビューに慣れていれば後者でかまいません。

しかし、複数人がインタビューを行い、後ほどチームで共有することを考えると、基本の項目を設定して、その質問を深化させるために脇道に入るようにしたほうがいいでしょう。どのような聞き方をしていくかをシミュレーションしながら質問項目を考えていきましょう。実際にキーパーソンと相対してみると、準備した流れ通りにいかないことが多い、というより、むしろその通りにいかないのが普通です。話題が変わった、キーパーソンの気持ちが動いた、話を聞いている最中に発見があったなどの場合は臨機応変に対応しましょう。

以下は質問項目を考える際の参考となる、インタビューで引き出したい要素です。これらの要素を流れに沿って組み立ててみてください。

Environment（環境）：いまの状態、直面している困難、トラブル、問題点。
※当事者にとっては当たり前で、「困難」と認識していない場合があるので注意。
Attitudes（態度）：その状態に対する意識、態度、気持ち。
Activities（行動）：過去から現在までの具体的な行動の流れ（現状に至る背景）。
Interactions（相互作用）：家族、知人・友人、地域、専門家などとの関わりあい。
※当たり前で、身近な人との深い関係性を語らない場合があるので注意。
Object（モノ）：関連する生活用品・空間などの使用実態、満足度、不満点。

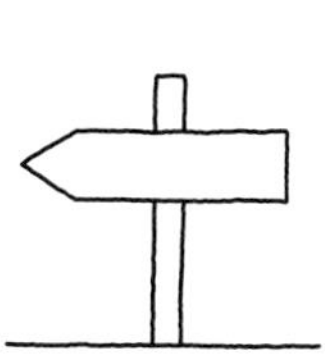

インタビューシートの作成（タイムスケール法）

インタビューの進め方はテーマや対象者によって千差万別ですが、多くのケースで役立つのが時間軸で質問するタイムスケール法です。感情や思い出は時間とともに記憶されることが多いので、対象者も記憶を引き出しやすいという利点があります。

まずは、課題が生じた時点からスタートします。テーマが生活習慣病であれば、対象者が身体の異常を感じたところから始まり、現在までの経緯を聞き取ります。

続いて、課題独自の時間軸で話を聞きます。観光のような季節性があるテーマの場合は1年間、介護のように曜日や24時間で動きがあるテーマの場合は1週間、24時間単位で質問をします。脱線しても構いません。ピンと来た場合は時間軸を忘れてそこを掘り、十分に聞くことができた後に脱線ポイントまで戻りましょう。この方法が便利なのは全体像と現在地がわかりやすいことです。対象者もその後の質問がイメージできます。時間軸シートを準備して、書き入れながら話を進めると便利です。イラストを書き加えたりすることも記録として有効です。

子どもの放課後の課題を探るインタビュー*（P71写真）の際には、放課後の時間割を表現するシートとカードゲーム風のツールを用いました。聞き出すことが難しいテーマや対象者の場合はインタビューシートの工夫が大切です。

＊子どもの放課後プロジェクト
プロジェクトの詳細は
http://issueplusdesign.jp/kodomo/project/

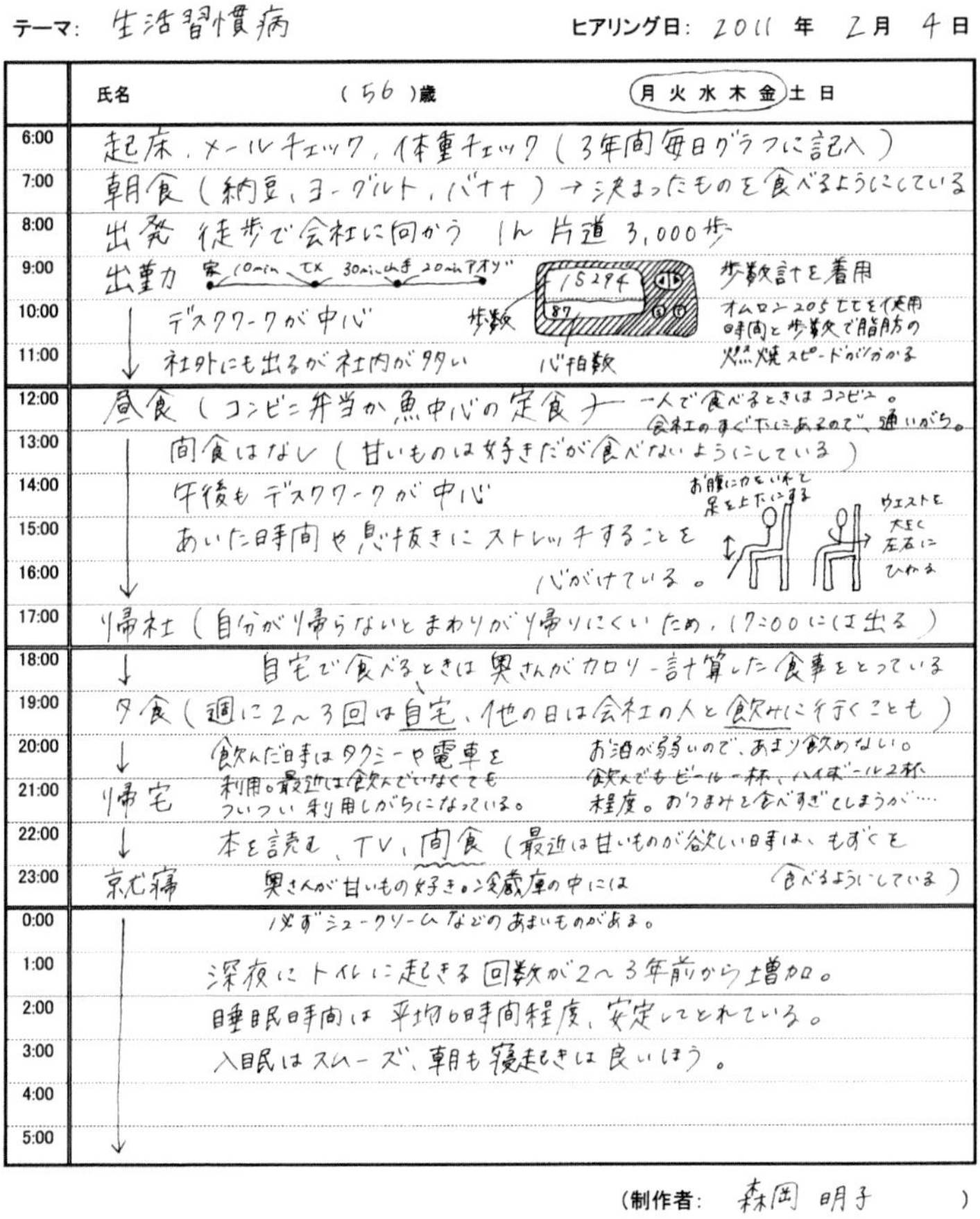

テーマ：生活習慣病　　ヒアリング日：2011 年 2月 4日

氏名　（56）歳　（月 火 水 木 金）土 日

6:00 起床、メールチェック、体重チェック（3年間毎日グラフに記入）
7:00 朝食（納豆、ヨーグルト、バナナ）→決まったものを食べるようにしている
8:00 出発 徒歩で会社に向かう 1h 片道 3,000歩
9:00 出勤 家 10min TX 30min 山手 20min アオゾ
10:00 デスクワークが中心
11:00 社外にも出るが社内が多い

15294 / 87　歩数　心拍数
歩数計を着用
オムロン205 ТТを使用
時間と歩数で脂肪の
燃焼スピードが分かる

12:00 昼食（コンビニ弁当か魚中心の定食）― 一人で食べるときはコンビニ。会社のすぐ下にあるので、通いがち。
13:00 間食はなし（甘いものは好きだが食べないようにしている）
14:00 午後もデスクワークが中心
15:00 あいた時間や息抜きにストレッチすることを
16:00 心がけている。

お腹に力を入れて足を上下にする
ウエストを大きく左右にひねる

17:00 帰社（自分が帰らないとまわりが帰りにくいため、17:00には出る）
18:00 自宅で食べるときは奥さんがカロリー計算した食事をとっている
19:00 夕食（週に2〜3回は自宅、他の日は会社の人と飲みに行くことも）
20:00 飲んだ日はタクシーや電車を利用。最近は飲んでいなくてもついつい利用しがちになっている。
21:00 帰宅
お酒が弱いので、あまり飲めない。飲んでもビール一杯、ハイボール2杯程度。おつまみを食べすぎてしまうが……
22:00 本を読む、TV、間食（最近は甘いものが欲しい日は、もずくを食べるようにしている）
23:00 就寝
奥さんが甘いもの好き。冷蔵庫の中には必ずシュークリームなどのあまいものがある。
0:00
1:00 深夜にトイレに起きる回数が2〜3年前から増加。
2:00 睡眠時間は平均6時間程度、安定してとれている。
3:00 入眠はスムーズ、朝も寝起きは良いほう。
4:00
5:00

（制作者：森岡 明子）

図　時間軸ヒアリングシート
糖尿病を抱える千葉県在住の56歳男性の食事と運動を中心とした一日の生活。

役割分担

一人でインタビューに臨むと、質問内容や発見できるポイントが限定されてしまうので、できるだけ複数人で臨みましょう。メインインタビューワー（質問を主に投げかける人）、サブインタビューワー（追加の質問をしたり、流れの軌道修正をする人）、文字・写真・映像などの記録係、３人でチームを組むのが理想的です。

持ち物

1. 筆記用具
2. ヒアリングシート
3. 記録用パソコン：バッテリーの持ち時間に注意。
4. 記録用カメラ、ビデオカメラ：ビデオに撮られていることを意識させないようにスマートフォン型のビデオカメラが便利。
5. 予備の電源、記録媒体：複数人インタビューする場合は忘れずに。
6. 必要書類：取材場所の地図や連絡先、同意書、プロジェクトの説明資料など。
7. お土産や謝礼など謝意を表すもの

写真　インタビュー風景②
学校終了後から就寝までを表す時間割シート上に、子どもたちが大好きなカードゲーム風のツール（塾、スポーツ、ゲームなど約30種類の行動を表すカード）を置いてもらいました。続いて、各時間がおもしろいか、つまらないかを表すシールを貼ってもらい、そのうえで放課後の過ごし方と感情についての声を引き出しました。

声を聞くテクニック3　導入

はじめに・概要説明

まず、時間を割いていただいた対象者に感謝の気持ちを伝えましょう。互いに初対面なので緊張しているのは同じです。まずは、自己紹介をしましょう。テーマや対象者によっては、雑談から始めて、急に質問に入らないほうがいい場合もあるでしょう。改めて「○○（社会課題）に対する解決策を考えるプロジェクト」を行っていること、その策を考えるためにご意見をうかがいたいと思っている旨を伝えます。

情報の取り扱いの説明

うかがう内容をプロジェクトメンバーで共有するために書面やレコーダーで記録させていただくこと、それを個人が特定できる（第三者が見てどこのだれかわかる）かたちで公開することがないこと、個人情報をしっかり守ることを伝えます。発言や写真を書籍に掲載する、映像を何らかの場で公開する予定がある場合はその旨を伝え、許可をもらいましょう。その旨を記載した書面を用意し、署名・捺印してもらうことも検討しましょう。

映像・写真・音声記録の許可

許可をもらい、文字とともに音声や映像の記録も残しましょう。音声や映像には、対象者の言葉そのもののほか、声の抑揚、会話の間などの文字化できない情報が残されます。同じ言葉でも戸惑いや憂いが込められているか、軽く口にしているかなどを通して、言葉の背景にあるものを読み取ることができます。

写真は最初から撮るより、対象者の気持ちが和らいできてから、少しずつ撮っていくようにします。持ち物や室内を撮りたい場合は、「ああ、こういう話を聞く人だから必要なんだ」と納得してもらえる後半になってから、お願いするとスムーズです。

声を聞くテクニック４　聞き方のポイント

ＷＷＨ（what, why, how）を組み合わせる

Ｐ61で紹介したような「あ！と思う」「ピンとくる」「わからない」「何だろう」「はじめてだ」などの感覚（光明）を持った際には、その感覚を追求するために質問を重ねましょう。小さな光明でも、探求していくと、解決策のアイデアにつながる大きな光になることがあります。

そのために重要なのが「なぜ〜ですか？」と理由を聞く質問と、「どのように〜ですか？」と具体的に聞く質問です。運動習慣が定着しない男性に「なぜジム通いをやめてしまったのですか？」と聞き、「仕事が忙しくて通えないから」という回答があったとします。「なぜ忙しいと通えないのですか？」と聞いても、思うような答えを得られない場合が多いはずです。そのため、「平日の夜はどのようなスケジュールなのですか？」と別方向から「どのように（how）」を具体的に聞いていきます。そして「早く帰れる曜日に、会社の帰りにジムに寄れないのはなぜですか？」と、なぜ（why）に戻るようにします。なかなか答えを引き出すことができないときは、視点を変えた「どのように」を投げかけてみましょう。

〝ならでは〟を求める

聞きたいのは「その人にしかできない」話です。キーパーソンの声には、課題のポイントとなるような深い感情、重要な背景などが隠れている場合が多く、何が本質的に問題なのかを気づかせてくれます。そこに解決策への光明が隠れているのです。

「ジム通いはなかなか続かないですよね。最初は行けても、しばらくすると行かなくなって」。中にはこんな一般的な話に終始してしまう人がいます。その場合は、絵を描くように質問を細かくしていきましょう。「ジムではどんな運動をするんですか？」「どんな人と話をする機会がありますか？」など、できるだけ具体的にその人自身の話に切り込んでいくことで、「ならでは」のポイントが見つかりやすくなります。

聞き慣れた言葉に注意

日常的によく聞く言葉、社会課題に関してよく使われる言葉は要注意です。たとえば最近よく耳にするのが「コミュニティ」という言葉です。家族・近所づきあいのような血縁・地縁関係から、趣味や仕事の仲間、インターネット上のつながりなど、さまざまな意味で使われます。こういう言葉が発せられたときは、対象者が何を指してその言葉を使っているかを把握しましょう。複雑な課題を抱えている場合、自分自身の考えや現状を整理できず、曖昧な言葉を使っていることがあります。

一つひとつの言葉の背後にある対象者の思いを正確に捉えなければ、聞き取った声全体を間違って理解することにもなりかねません。聞き慣れた言葉をすっと飲み込まず、具体的に問いかけていくようにしましょう。

その他の留意点

その他に、次のような点に注意しましょう。

・共通の話題を見つけて、心情的な親近感を築くようにしましょう。
・できるだけ対象者の意見に同調して、素直な賛辞を表しましょう。
・対象者とのアイコンタクトを忘れないようにしましょう。
・専門用語を使わない、知識をひけらかさないようにしましょう。
・対象者が話したいことばかり聞いて、聞きもらしがないように注意しましょう。
・対象者の話をさえぎったり、ジャッジしたりしないようにしましょう。
・他人の話（聞いた話）ばかりしているなら、本人の話になるように促しましょう。
・聞かれたくなさそうなことを執拗に追求しないようにしましょう。
・ごく常識的なマナーや倫理を忘れないようにしましょう。

写真　インタビュー風景③
食育に関する親子のインタビュー風景。
食事の時間に立ち会わせてもらいました。

管理者の声を聞く

社会課題は社会の仕組みから生まれ、その課題がさまざまに作用して森の住人（社会課題の影響で日常生活に不具合やトラブルが生じている人）をつくりだしていきます。国や地方自治体は社会の主体としてこうした課題への対策として行政サービスを行っています。そんな国や地方自治体の業務にかかわる人は、市民生活に関わる「森の管理者」だと言えます。

解決策を考えたい地域の森の管理者を取材しましょう。

管理者の声を聞く利点は3点あります。まず、その社会課題に対する行政の認識、理解、立場を知ることができます。続いて、その課題に対して、行政が現在行っている対策を知ることができます。最後に、日常的に住民に接している人の目から見る社会課題の現場での悩みや本当に困っていること、行政サービスが抱えている課題を知ることができます。

住民側の声と行政側の声の両方を聞くことで、社会課題への理解を多面的に深めていきましょう。

国や自治体の政策について聞く

国や自治体は、人が安定した生活のもとで個人の幸せを追求する（＝広い意味の「福祉」）ことができるようにする義務があります。その中で、「これが欲しい」などの欲求や欲望ではなく、「これが必要だ」と見なされる社会通念上の価値に基づく必要性に則して、幅広い政策を行います。

その地域の社会課題に対して、政策を法として施行したり対策を実行したりしているのが地方行政です。民間に移譲・委託されているものも数多くありますが、生活に必要な物事のうち個人の力ではどうしようもできないもの＝公益性が高いものはすべて行政が行っている（または行うべき）と言っていいでしょう。

各自治体で設置されている部署や実行にあたる組織が異なるため、自分たちが取り組む課題を整理したうえで、適切な窓口にコンタクトをとりましょう。たとえば、地域の森林について話を聞きたいと思ったとき、日本で一番森林の保有面積が大きい北海道の道庁について見てみると、水産林務部があり、その中に林務局　林業木材課、林務局　森林計画課、林務局　森林整備課、林務局　治山課、森林環境局　森林活用課、森林環境局　道有林課（2013年5月現在）があります。業務内容が課によって分けられているため、ただ森林について話を聞きたいと申し込んでも、得たい情報にたどりつけない場合があります。

自治体のウェブサイトなどで組織の形態と、役割分担を調べましょう。複雑でわからない場合は自治体の広報に問い合わせをします。その場合でも「こういうことが聞きたい」としっかり伝えられるようにしておくことが必要です。

現場について聞く

政策も大切ですが、それ以上に社会課題の現場で起きていることを聞くことが大切です。行政サービスの現場で働く人の話を聞きましょう。

地域には、保健師、社会福祉士、消防士、教員など、専門的な技能や資格を持ち、特定の領域のために日々働いている人がいます。こうした人たちは社会課題の現場や森の住民一人ひとりと接しており、その実態をよく知っています。問題を抱えている場合は対策を実施していると同時に、行政ができることの限界も感じています。これらの仕事に就いている人の声から、日々現場を体験している人しか知りえない貴重な情報を手に入れましょう。

たとえば保健師は、地域の健康全般に関わり、健康相談、母親と子どもの保健指導、発達に遅れのある子どもへの指導、予防接種、高齢者のリハビリサポートなど、幅広い現場に携わっています。人口約2300人の離島の自治体である海士町（島根県隠岐郡）の保健師さんは全員が一軒一軒家々を訪ね歩きながら、住民の健康全般と、健康に影響を及ぼす生活環境に至るまで細かく総合的に把握しています。一方、大都市である神戸市（人口150万人）では、母子保健、食育、高齢者福祉、心の健康対策など、各領域ごとの部課に分かれ、それぞれ専門的な業務に就いています。

また、都道府県及び市（特別区を含む）に設置が義務付けられている福祉事務所に勤務する公務員として社会福祉士（ケースワーカー）がいます。行政サービスを必要とする人全般の相談を受けて、課題を抱える人一人ひとりに接し、必要なサービスが受けられるようにするとともに、生活が成り立っていくように支援をしています。支援活動の内容は幅広く、生活の現場までかかわりながらきめ細かいサポートをしている場合も少なくありません。

そのほかにも、保育士、生活指導員、教職員、消防士、警察官、母子支援員、児童指導員、介護福祉士など、さまざまな職種の職員があらゆる社会課題の現場で活躍しています。

取材のテクニック

1. 企画書、取材申請書を書く

企画書や申請書を前もって送るように言われる場合が多いようです。連絡後すぐ送ると忘れられることなく対応してもらえる可能性が高いので、依頼の電話をする前に作成しておきましょう。

　決まった書式はありませんが、もっとも重要なことは、だれが、いつ頃、何の目的で、何をしたいかが、ひと目でわかるようにすることです。企画書がよく伝わる書類であるほど、より協力的な対応を得られる可能性が高くなります。以下の内容をA4の紙1枚程度に、なるべく簡潔にまとめましょう。

i　自己紹介：どのような個人または組織なのか。
ii　プロジェクト概要：プロジェクトについての説明。資料があれば添付、同封。
iii　取材の趣意：取材の目的、取材結果の用途。自治体名、氏名の公表の有無。
iv　取材対象部署、担当：氏名がわかっている場合は明記。わからない場合は紹介依頼。
v　取材内容：3~5項目ぐらいにまとめ、簡潔にできるだけ短い説明をつける。
vi　日程：希望日時の候補をできるだけ多く提示する。

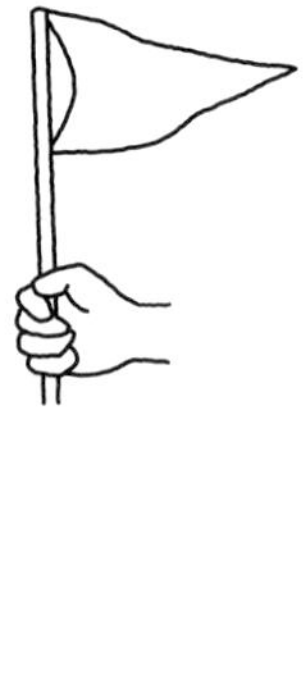

2. アポイントをとる

担当部署がわかっている場合は直接担当者へ、わからないときは総務部や広報担当などへ連絡します。後日、最初に話を通した人を特定できなくなることもあります。応対してくれた人の名前を必ず聞いておくようにしましょう。

3. 取材を実施する

自治体や担当者個人によって、住民との距離感が異なります。ざっくばらんに話を聞くことができるところもありますし、組織を代表する広報として公式に対応するところもあります。以下は、取材の要点です。

General（概況）：課題に関する地域の現状、変化、経緯、問題点。

Measures（対策）：課題に対する施策の実施概要、特徴的な対策の具体例とその成果。

Vision（展望）：将来に向けた展望。その実現のための課題。長期的取り組み。

4. 報告・お礼をする

終了後はメールなどでお礼をするとともに、プロジェクトの進捗を適宜報告しましょう。以後も協力をお願いするケースも多いので、誠実な対応を心がけましょう。

森の活動家の声を聞く

社会課題に関わる人として、市民セクターを見逃すことはできません。行政とは違う立場で森の住民に働きかけていく、いわば「森の活動家」です。

20世紀の社会システムでは、行政が社会課題への対応を一元的に担っていました。しかし、社会が成熟するにつれて、個人の価値観や生活スタイル、そして社会課題も多様化し、行政のみでは社会のニーズを満たすことができなくなってきました。地方自治体の財源や人手不足もこの状況に拍車をかけています。そこで、行政が一元的に担ってきた「公共」から、市民・事業者と行政の協同による「公共」へ、という「新しい公共」の考え方が一般的になりつつあります。行政から積極的な働きかけを行っていることもあり、こうした活動に対して住民の意識が非常に高くなっており、全国各地でさまざまな活動が行われています。

森に変化をもたらそうとする活動家たちの声を聞きましょう。活動家の母体は2種類あります。自治会、商店街など地域をベースに活動する地縁型コミュニティと、特定のテーマによる集合体であるテーマ型コミュニティです。

地縁型コミュニティ

地域に根差した形で古くから市民活動を行っている組織は多く、地域社会に重要な役割を果たしています。行政の補完機能としての役割も担ってきました。

その一つが、自治会、町内会、ＰＴＡ、防災協会、民生委員など、地域社会の運営・管理のため、細かな行政事務や祭礼などの行事・親睦・防災・保安に至るまで幅広く活動する組織です。近年では、高齢化や近所づきあいの変化により活動の担い手の不足が深刻化する一方で、阪神・淡路大震災、東日本大震災などの影響で、地域のセーフティネットとして再評価する傾向もあります。

もう一つが、漁協・森林組合・生協などの各種協同組合や商工会議所、青年会議所、商店街組合など、地域産業に根差した活動を実施している組織です。それぞれの分野ごとに現場に基づいた調査・研究・活動・振興を行うほか、福祉サービスなどの地域貢献も活発に行っています。

これらの地縁型コミュニティは歴史が長く、地域が持っている独自性や複雑な人間関係に精通していることが多いため、社会課題の歴史や背景に関する深い情報を得ることができます。

テーマ型コミュニティ

新しい公共の担い手として近年増加しているのが、居住地にとらわれず特定のテーマのもとに有志が集まって取り組むことで生まれるテーマ型コミュニティです。後述のNPO*やボランティア団体をはじめ、趣味や交流を目的としたコミュニティが住民の暮らしを豊かにするとともに、人間関係をつなぐ役割を果たしています。伝統食を楽しむ主婦の会が、地域振興のための料理を考案して実用化するなど、社会貢献が主目的ではなかったコミュニティから地域課題の解決に取り組む意欲的な活動が生まれるケースも多く見られます。

NPOの中には、保健・福祉に関する各種施設の運営や生活支援を行っているものが多く、活動の現場を訪ねることで、支える人・支えられる人両方の声を聞くことができます。まちづくりや環境整備を行っているNPOは、さまざまな市民や団体とのネットワークを持っていることが多いため、プロジェクト推進に必要なネットワークづくりにもつながります。

地域にどんなNPOがあるか調べるには、内閣府NPOホームページ*や各地方自治体の特設ページを活用します。

＊特定非営利活動法人（NPO）

保健、医療、教育、人権、まちづくり、国際協力など、12の分野に関する非営利活動を行う組織・団体で、そのうち法人格をもったものをNPO（特定非営利活動法人）と呼びます。1998年の特定非営利活動促進法の施行以来、多くのNPOが活動しています。

＊内閣府NPOホームページ

全国のNPOの検索のほかに、NPOの名簿や受理数などのデータ、活動事例、寄付金についてなど、NPO全般について調べることができます。
https://www.npo-homepage.go.jp/

取材のテクニック

こうした市民活動の担い手は、今後の活動において仲間になる可能性が高い人たちです。解決策をつくるとき、実行するとき、広めていくとき、連携することでプロジェクトは大きく前進します。あまり絞り込まず、また活動体（公式な団体か否かなど）を問わず、できるだけ多くの幅広い活動家の声を聞きましょう。

準備・要点・実行は、住民の声を聞く場合、管理人の声を聞く場合の両方を参考にしてください。インタビューを依頼する場合は、しかるべき人からの紹介を得ると、警戒されることなく、スムーズにヒアリングができます。行政のヒアリングを開始しているときは、担当部課から地域のキーとなる団体を紹介してもらえるようにお願いしてみましょう。また、団体間が連携している場合も多いので、インタビューの最後におすすめの団体を聞いて紹介してもらうのもよいでしょう。

取材に際しては、準備した質問内容に縛られず、臨機応変に、興味を持ったことや知りたいことを積極的に聞きましょう。可能であれば活動の現場に同行させてもらったり、作業に参加させてもらったりすることで、より多くの貴重な情報を得ることができます。

声を記録・編集・共有する

このプロセスで集めた声は今後の解決策をつくる行程の各段階において、もっとも大切な素材となります。何度も繰り返し活用できるように、しっかり声を編集し、メンバーで共有しましょう。声の記録・編集・共有は次の3ステップを踏みます。

ステップ1「そのまま」記録する

これはインタビューに参加した、記録を担当するメンバーが中心となって行う作業です。インタビューの生の声（対象者が発した言葉一つ一つ）は非常に大切な情報です。文字、音声、映像としてそのままのかたちで記録しておきましょう。

文字記録はその場でメモをとったものだけでは不十分なことが多いので、できる限りICレコーダーで記録して、一言一句忠実に文字化しましょう。どんなに印象に残ったとしても、不思議なことに時間が経つと脳内で変容・風化していくものです。後の作業で「あ、あの声が重要だった」と思い出したとき、正確な生の声に立ち返ってみると、さらに発想を刺激してくれることがよくあります。

対象者に許可をもらえるならば、可能な限り映像も撮影しましょう。キーとなる対象者の映像は今後の全プロセスで重宝します。

ステップ２「発見点（仮説）」を抽出する

インタビューに参加したメンバーは、「あ！」「ピンとくる」「わかった！」と思ったこと、もしくは「わからない」「何だろう」という疑問などを、記憶が新しいうちに付箋に書き出しておきましょう。

その際には、下のように2色の付箋を活用しましょう。1色には対象者の「生の言葉（＋対象者の名前やインタビューナンバー）」を、別の色には「発見点（仮説）」を記入しましょう。生の言葉は対象者の言葉をできるだけ忠実に、発見点はその言葉からあなたが見つけた仮説、抱いた感想、疑問に思ったことなどをあなたの言葉で書き残しましょう。このふたつを混同しないように記録しておくことが大切です。行程が進むにつれて、また新しい気づきが生まれたとき、もともとの発想の起点がどこだったのか立ち返り、検証することができるからです。

付箋はホワイトボードもしくは模造紙上に貼り、類似したものを緩やかにまとめておきましょう。

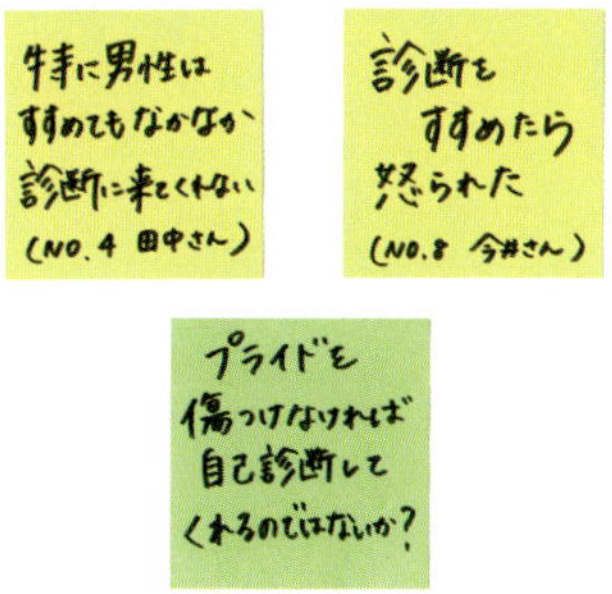
特に男性は すすめてもなかなか 診断に来てくれない (NO.4 田中さん)
診断を すすめたら 怒られた (NO.8 今井さん)
プライドを 傷つけなければ 自己診断して くれるのではないか？

写真　2色の付箋で発見点を共有
認知症の早期発見に関するインタビューの際の生の声と発見点を記入したもの。

ステップ3「そのまま」共有する

チームメンバー全員がすべてのヒアリングに参加するのは難しいので、参加できなかった人を含めて全員が、あたかも現場に行ったかのように声を体験できる機会を設けましょう。これは、文字+写真、ビデオの二通りの方法があります。

文字+写真の場合は、写真を使ったスライドショーを作成します。1枚の写真に一つの声をつけて、インタビューに参加した人がスライドを1枚1枚進めながら、インタビューを再現します。この段階ではインタビューワーの主観や気づきはできる限り排除して、対象者の声を忠実に再現することを心がけましょう。

ビデオを撮影しているのであれば、上映会をするのが効果的です。時間があれば、インタビューを全部見るのがいいのですが、ヒアリング対象者数が多い場合は、1名30分以内を目安に編集したダイジェスト版をつくると便利です。ビデオの編集は手間がかかりますが、今後増えていく仲間や関係者と課題を共有するための強力なツールになります。

ビデオ、写真いずれの場合でも共有会の参加者は、聞きながら気になった発言と発見点を2色の付箋に記入し、ステップ2のプロセスのアウトプットの模造紙に加えましょう。次章以降の「地図を描く」「道を構想する」で本格的に使用します。

VOICE

Journey 3

第3章 地図を描く

森を歩き、先人の道のりをたどり、多くの声に耳を傾け、
森を自分の大切な場所として深く理解したことでしょう。
得られた情報をもとに、これからの旅路を考えましょう。
先へ進むために必要なもの、それは地図です。
地図は、森の現状を1枚の紙の上に見せてくれます。
そして、どの方角へ進めばいいのか教えてくれます。
さあ、地図を描きましょう。

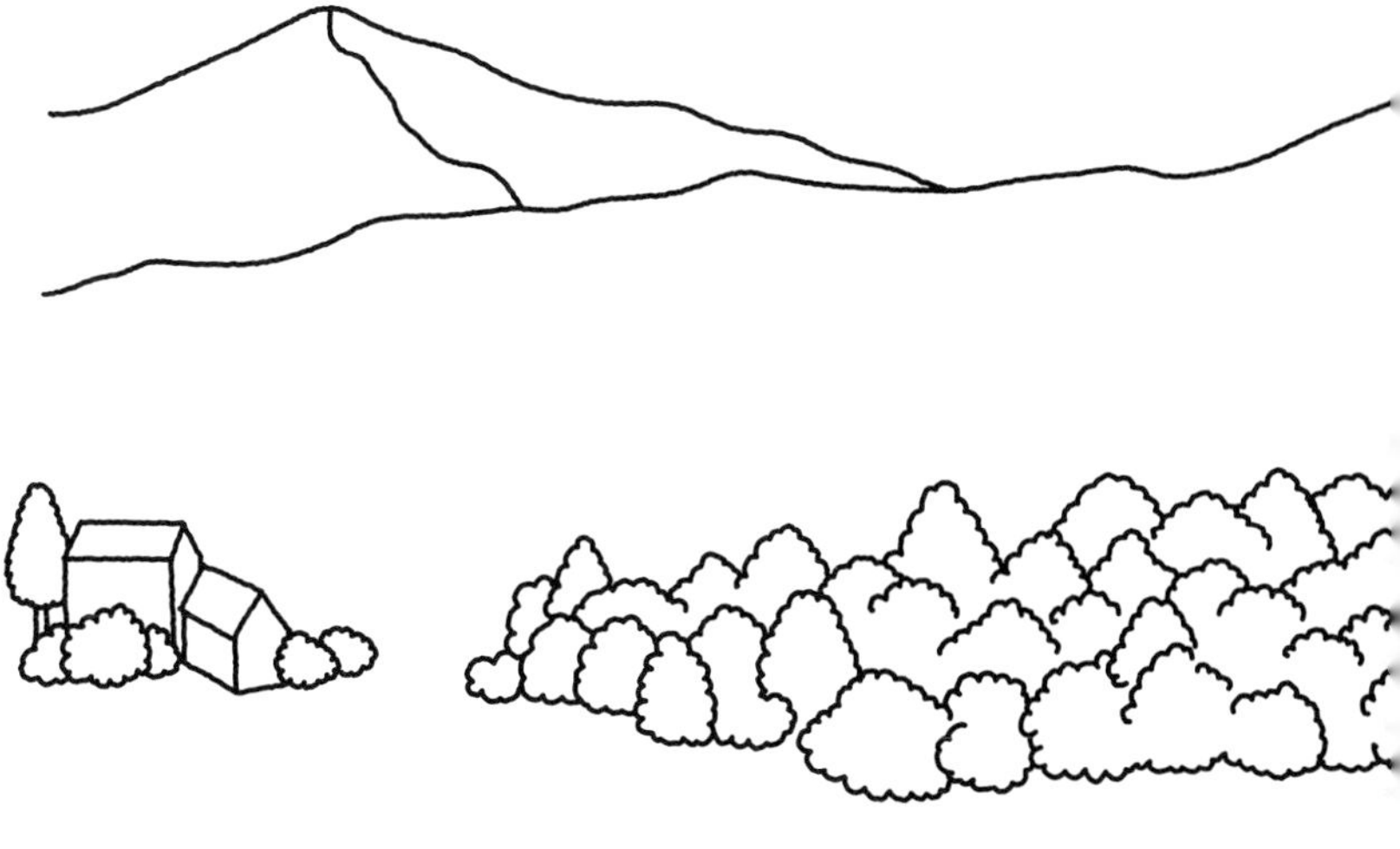

旅の必需品「イシューマップ」

コンセプトを持った、デザインのための地図

旅をするためには地図が必要です。地図はとても重要です。なぜなら地図はいろいろなことを教えてくれるからです。ソーシャルデザインでは、森を知り、声を聞く行程で得た情報をもとに、そこから先へと進むための地図を自分で作成します。その地図を「イシューマップ」と呼びます。

一般の地図を思い出してください。私たちが見慣れている地図は、地形の状態を縮尺に応じて正確に表した地形図です。そこには、建物、街路、交通施設、土地利用状況、地形などが、線と161個の記号で表されていています。必要な基本情報を入れ、三次元を二次元に整理して縮めたことで、目視できない大きなエリアをひと目で見ることができ、ポケットに入れて持ち歩くことができます。

さらにテーマを持った主題図を思い出してください。おなじみの主題図には、イラストで見所が示された観光地図などがあります。これらは、地図とテーマを掛け合わせてつくります。よりコンセプチュアルな意図を持った主題図もあります。飢餓や温

暖化などをテーマにした地図を見ると、言葉で説明されるより強い印象を受け、言葉にならないような認識が一瞬で形成されます。イシューマップはあなたが取り組む社会課題をテーマにした主題図のようなものです。

プロジェクトの進路を決める土台

これまで集めた情報は数字、住民の声、専門家の深い知識、観察から見えた主観的な意見などいろいろな視点が混ざっているので、一つの情報として把握するのが困難です。せっかく多くの情報を集めたのに、このままでは進むべき方向がわからず、迷子になってしまいます。迷わずに、立ち位置や進路を定めるために必要なもの、それがイシューマップです。社会課題のどの部分に自分たちが取り組むのか（第4章　立地を選ぶ）、その課題解決のために何をつくるべきなのか（第6章　道を構想する）を判断する際の最重要資料です。

森の中に道を切り拓くとき、どこにつくればどのような往来や利便性が生まれるのか、立地を検証しなければつくれません。闇雲につくっても、役に立たないばかりか環境を乱したり負の影響をもたらしたりしかねません。どこに道をつくるか決めるには、その森の地図が必要なのです。

直感的理解が創造性を刺激する

イシューマップは、立地や進路を決めるために役立つだけではありません。社会課題の認識にも影響を与えます。たとえば、地球の温暖化を色で視覚的に表現した主題図を見ると、文章を読むこととまた違った強い印象を受けます。過去の地球の状態と比較しやすいように地域別に色で気温を表した地図が、視覚から情報を直感的に把握させてくれます。このような主題図のように、イシューマップも取り組む社会課題の直感的理解をもたらします。新しいものを創造するプロセスでは、直感的な理解がとても重要です。ずっと悩んでいた複雑な問題が、紙の上に図式化できた途端に、ふと頭の中がクリアになり、結論が見えたように感じたことがありませんか？　これが、直感的な理解から明晰な思考や創造性へと移っていく過程です。

イシューマップをつくる作業は、少し手間がかかります。まず情報を丁寧に整理しなければいけません。そして整理した情報から意味を見出し、軸を決め、地図に仕立て上げていきます。情報を整理し、構造化して、地図にする。この手順を行っているうちに、きっとため息が出るほど、頭の中が忙しくなります。この過程こそが、アイデアへと続く自然な道筋です。つまりイシューマップの制作は、この先のアイデアを生み出すという創造的時間の準備段階でもあるのです。

「イシューマップ」の種類

2地点間の角度が正確で航海の海図に利用されるメルカトル図法。中心部からの最短距離が直線で表せる正距方位図法。実際の面積との比が等しくなるモルワイデ図法など、地図には目的によって描き方がいろいろあります。

イシューマップを描くにあたっても、取り組む社会課題とそれに対するチームの問題認識に応じてさまざまな手法を使い分けます。どの手法を使うか、正解はありません。メンバー全員が課題を直感的に理解しやすく、何度も見返したくなる地図をつくりましょう。代表的なイシューマップの種類は次の5つです。

システム思考マップ
ロケーションマップ
変化ステージマップ
ジャーニーマップ
ステークホルダーマップ

システム思考マップ

「システム思考」は、問題に関する複数の要因の因果関係を、システムとして把握する思考方法です。因果関係の輪＝ループ図を作成します。システム思考自体は難しい理論ですが、システム思考マップは簡易化されて幅広く使われており、どんな問題でも応用可能です。イシューマップでは、あまり難しい理論を意識せずに簡易版で描くことをお勧めします。社会課題の背後に潜んでいるさまざまな要素の因果関係を整理できるので、この方法で地図を描けると解決策のアイデアをつくるプロセスで大きな力を発揮します。マップには拡張型と均衡型*の2種類があります。

【描き方】

1. 取り上げる社会課題を構成するサブ要素・問題点をすべて書き出します。
2. 紙の上に関係性がありそうなもの同士を、つながりを意識しながら配置します。
3. 各要素を変数とし、因果関係がありそうなものはすべて矢印でつなぎます。
（因果関係がプラスかマイナスかを記述する場合もあります。）
4. 変数をつなぎ、ぐるりと最初の変数まで戻ればループは完成です。

＊拡張型と均衡型
拡張型は、変数が増減し続けるループ図で、状況がよくなる良化パターンと、状況が悪くなる悪化パターンがあります。社会課題の場合は、悪化パターンのケースが多いようです。均衡型は、ある時点で収束するループ図です。悪化はしないものの、問題が行き詰まり、放置されているケースでは均衡型になります。

＊システム思考の実践
詳しくは枝廣淳子、小田理一郎著『なぜあの人の解決策はいつもうまくいくのか？』（東洋経済新報社）を参照。

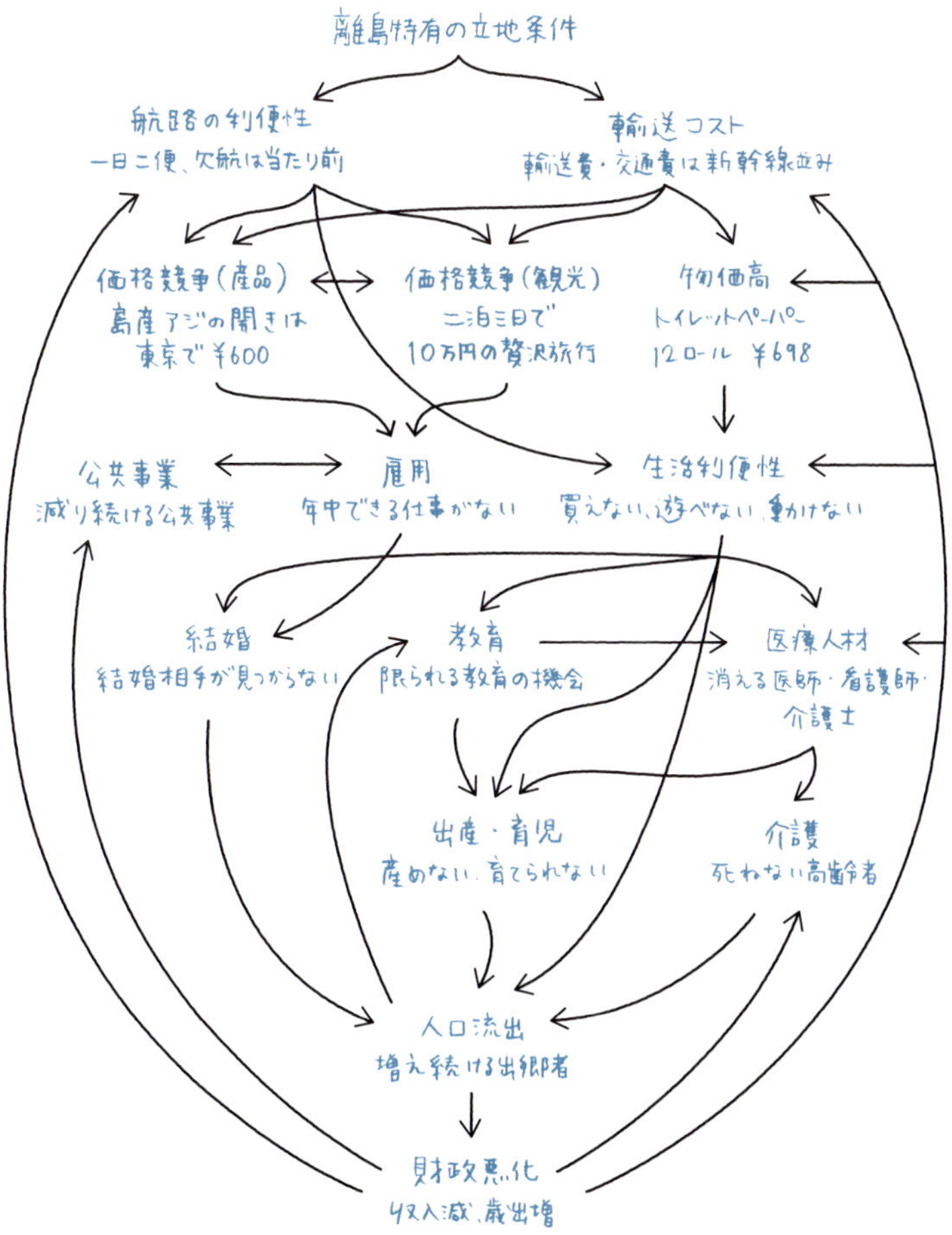

図　離島を襲う負の連鎖マップ
過疎化、地域経済の衰退が進む拡張型（悪化パターン）のシステム思考マップ。

ロケーションマップ

もっともわかりやすく、描きやすい地図がロケーションマップです。特定の地域や場所に配置されている人、モノ、コトに焦点をあてて地図を作成する方法です。

左の「震災発生時の避難所課題マップ」がその一例です。中心市街地の活性化や地域観光、防災・防犯対策、環境問題など、社会課題と空間・地域・地理が密接な関係にある場合に適しているマップです。

【描き方】

1. 社会課題を構成している要素・問題点をすべて書き出します。
2. 社会課題の舞台となる場所の地理的特徴がわかる地図を描きます。地図は平面図でも立体図でも描きやすい、わかりやすいものでかまいません。
3. 地図上に課題を構成している要素を書き入れます。
4. イラストなどを描き入れて場所と要素の関係性をわかりやすく補足します。どこでどんな課題が生じているのかがひと目で理解できる地図になっていれば完成です。

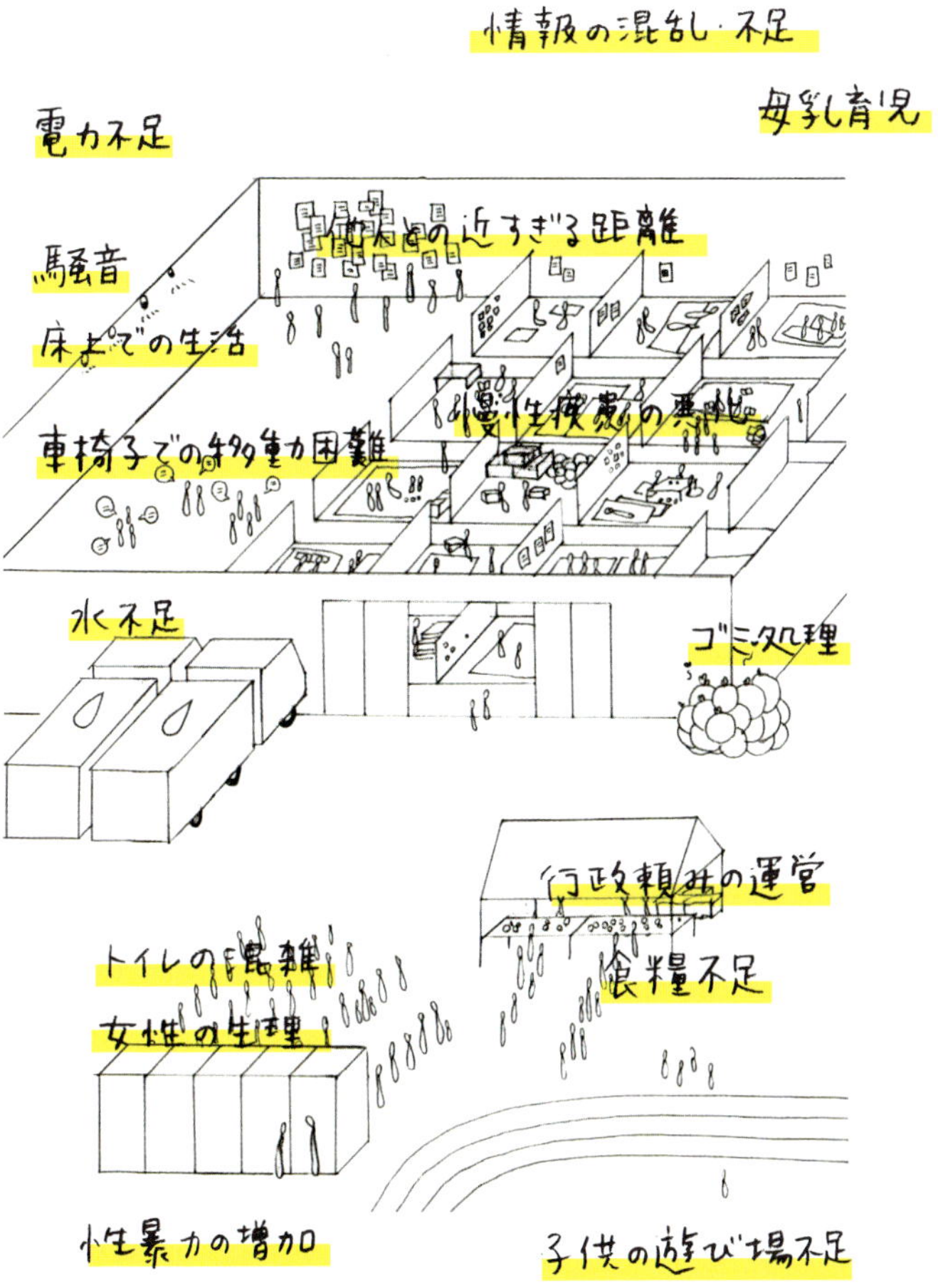

図　震災時の避難所課題マップ
震災発生後に避難所に指定された小学校で生じるさまざまな課題を配置したロケーションマップ。

変化ステージマップ

変化ステージマップは、1980年代に心理行動学者のプロチャスカなどが発表した「変化ステージモデル」を活用したものです。図の「働く男女の運動習慣マップ」のように、健康やライフスタイルの分野で主に使用されます。課題を抱えている住民がその問題から抜け出すことを想定して、状況を改善しようとする意志や対策に関する興味の持ち方、それに伴う行動、次のステージに進む障壁を、無関心期・関心期・準備期・実行期・維持期の5つ*のステージに分けて整理します。

【描き方】

1. 「声を聞く」で行ったインタビュー調査のデータを用意します。
2. 対象者の行動を付箋に記入し、5つのステージ別に分類します。
3. 対象者の各ステージ間の障壁（次のステージに進むことを妨げている要因）を別の色の付箋に記入します。
4. 示唆があった対象者全員分、2~3を行ってください。全員分の付箋をもとに、各ステージの状況と障壁を説明するキーワード（短い文章）を書きます。

＊5つの変化ステージ

無関心期：行動を起こす意志がない時期
関心期：6ヶ月以内に行動を起こす意志・関心が生まれ始めた時期
準備期：1ヶ月以内に行動を起こす意志があり、準備している時期
実行期：明確な行動の変化が観察されて、その持続がまだ6ヶ月未満である時期
維持期：6ヶ月以上続いている時期

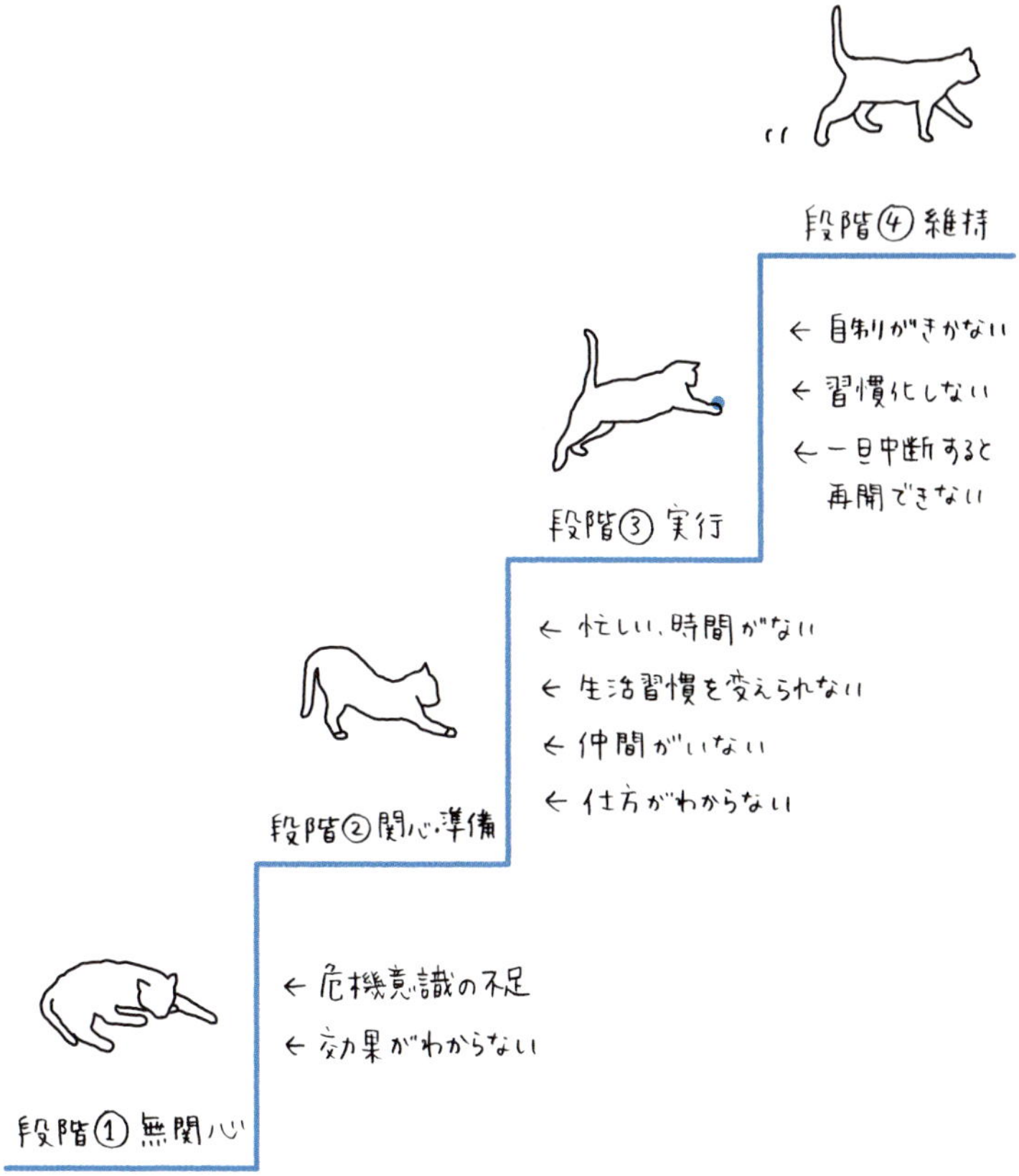

図　働く男女の運動習慣マップ

生活習慣病の予防・改善のために、運動が必要な働く男女の変化ステージと各ステージ間の障壁を記したマップ。

ジャーニーマップ

社会課題に関連して、住民の生活や行動が変化する行程を描いたマップです。観光客の旅の企画・購入・移動・体験・帰宅までの行程を描くなど、人の行動プロセスを時系列で表現できる場合に適しています。また、左ページの図のうつ病・自殺のように、あるプロセスを経て課題が深刻化したり変化したりする場合にも効果的です。

【描き方】

1. 「声を聞く」で行ったインタビューのデータを用意します。
2. 対象者が経験した出来事を付箋に書き出して、時系列に上から下に並べます。示唆があった対象者全員について行ってください。
3. すべての対象者の行程を上から下の時系列で並べます。類似した出来事同士を横に対応させるようにしましょう。
4. 類似したイベントのグループに変化の行程を意識したキーワードをつけます。
5. 各グループ間を矢印で結びます。行程が何段階かで整理でき、それぞれの行程がわかりやすいキーワードで説明できていれば完成です。

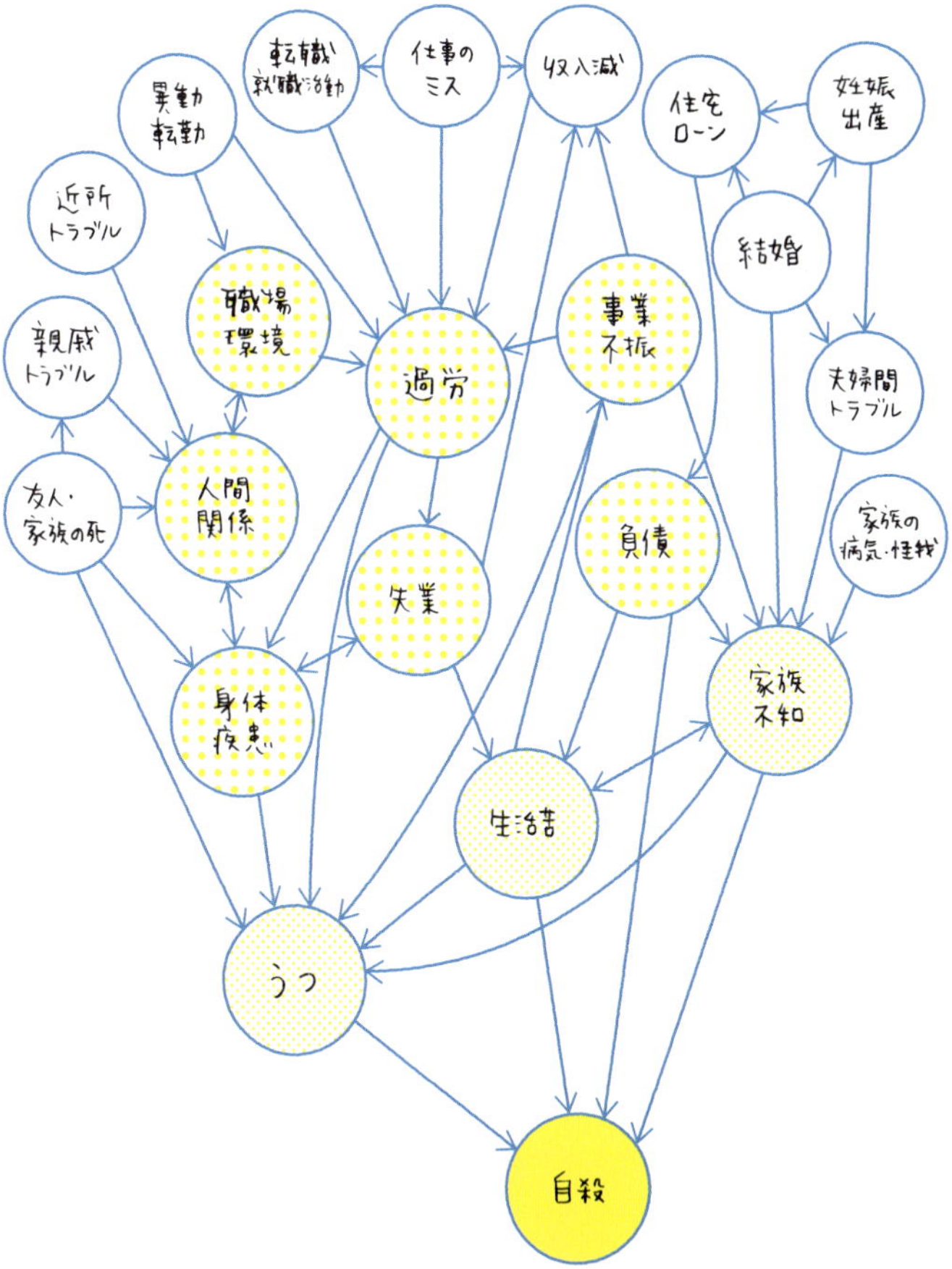

【初期】きっかけとなる要因の発生
↓
【中期】危機要因が連鎖
↓
【後期】複合化・深刻化

図　うつ病・自殺までの行程マップ
人が日常生活のさまざまなストレス要因の積み重ねにより、うつ病等の心の病に罹り、自殺に至るまでの経路を記したジャーニーマップ（NPO法人ライフリンクが作成したものをベースに、独自の調査結果をもとに筆者が加筆）。

ステークホルダーマップ

特定の社会課題に関わるさまざまなステークホルダーの行動や利害関係、アプローチを記した関係図です。小説やドラマなどで目にする人間関係相関図に近いもので、だれもがなじみがあり、描きやすいマップです。

【描き方】

1. 付箋に、社会課題に直面している住民の名称（独り暮らし高齢者など）を記入します。インタビューやKJ法（P111）の分類を通して、住民がいくつかのタイプに分かれることが見えていれば、タイプ別に複数記入しましょう。
2. 別の色の付箋に住民を取り巻く（影響を与える、接触機会がある）ステークホルダーをすべて記入します。「医者」などの肩書でも、「学生」などの一般名称でもかまいません。
3. 紙の中心に住民を置き、つながりを意識しながらステークホルダーを配置します。そのつながりを矢印で結び、関係性を表すキーワードをつけましょう。矢印は太さ（関係性の強さ）と方向（関係の向き）を意識して記述します。

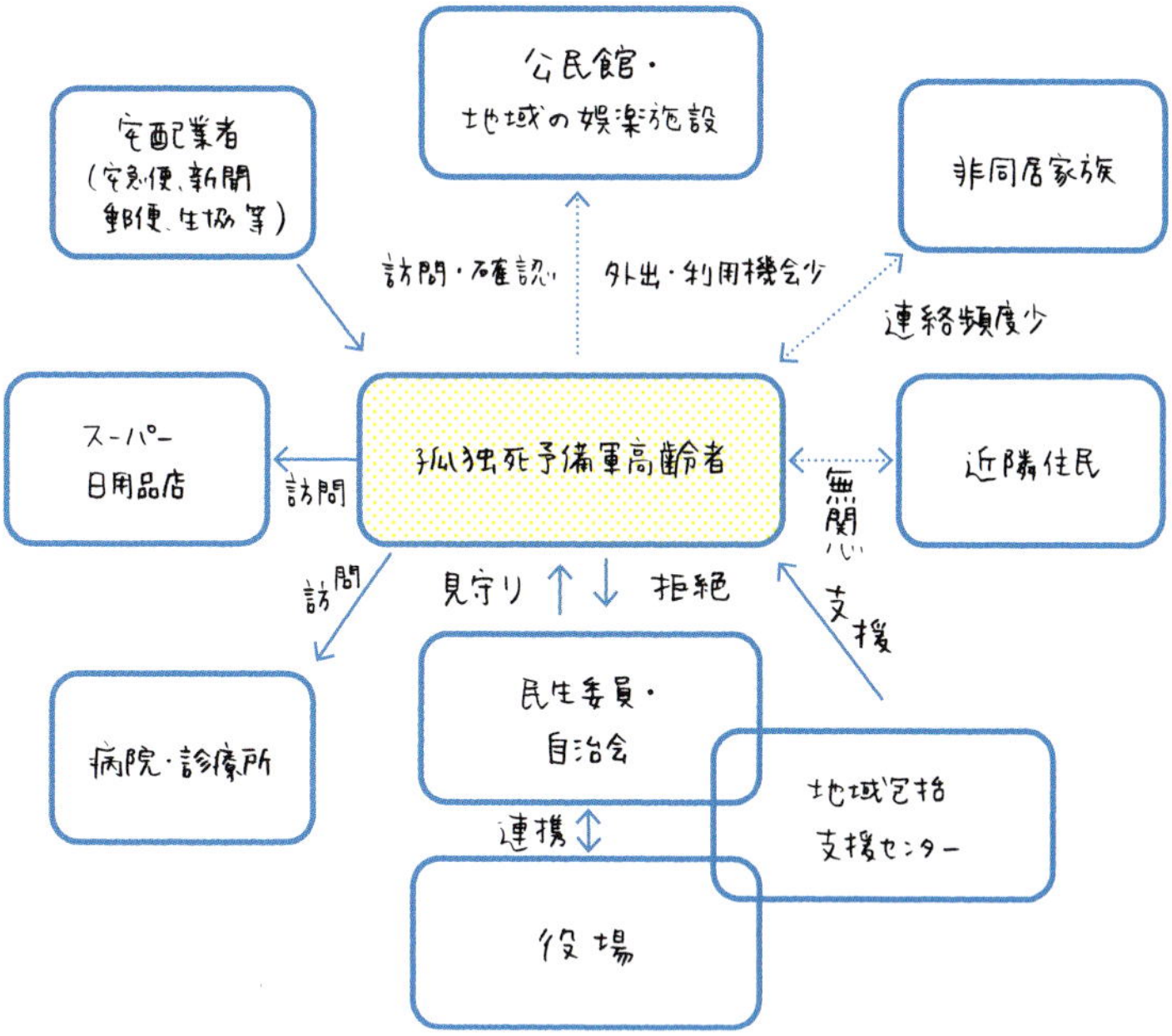

図 孤独死予備軍の人間関係マップ
地域との関係性を持たず、孤独に暮らし、ひっそりと亡くなる危険性がある孤独死予備群の高齢者が日常的に接する、人や組織との関係性を表したステークホルダーマップ。

地図を描くための高度な情報整理

イシューマップを作成する前に、まず集めた情報の整理をしましょう。情報の整理をすると、どんな情報のマップを描くべきか、自然にわかっていきます。「森を知る」「声を聞く」で集めた情報は、頭のなかでバラバラに、まるでぎっしり書き込まれた壁の落書きのように存在しているはずです。とてもまとめられないように感じます。それは、集めた情報のなかに、形式や種類などが異なるものが混在しているからです。

まず情報の種類として、一次情報と二次情報があります。一次情報は自分で見聞きした情報で、インタビューや観察記録がこれにあたります。一次情報に編集・要約などの加工が加えられたもの、書籍、統計レポートなどのデータが二次情報です。どちらの情報も、手法、エリア、時間（時代・時期・経年数）、論旨などが混在しています。つまり、集めた情報群は、総体として多元的なものになっています。だからごちゃごちゃしていて複雑だと感じるのです。もともと社会自体が複雑な構造、関係性が入り組んで混沌としているものなので、当然のことです。そういう情報を、二次元に整理していくのが「地図を描く」作業です。集めた多元的な情報の変数を減らしていき、シンプルな二次元の地図という平面に落していくのです。やれるのかなと少し不安になりますが、情報を整理してわかりやすくするという作業は、実はだれもが日常的に行っている行為なので、尻込みする必要はありません。

KJ法という手法を使って、情報の整理をしましょう。

KJ法とは

民族地理学者であった、故・川喜田二郎氏*が考案した発想法です。名前は川喜田氏の頭文字から付けられました。KJ法*は、研究・教育・ビジネスなどのあらゆるシーンで、情報の整理、理解の促進、問題の解決、ミーティングの活性化などのツールとして幅広く活用されています。現場の観察を「記録する」→「分類する」→「まとめる」→「発想する」ために、川喜田氏自身の学問的な実践から生まれたものです。

KJ法は情報の整理について、とても重要な示唆を含んでいます。それは、「要約」「分析」と、「まとめ」は必ずしも同じではないということです。「まとめ」は、一見同居できないように思える異質な情報から要素を抽出して、その要素を組み合わせて「まったく新しい意味を見出す＝発見する」ことだと川喜田氏は指摘しています。実は、

＊川喜田二郎
民族地理学者（1920 - 2009）。ネパール研究の第一人者として研究調査を精力的に進める一方、野外調査で培った理念と方法論を実践し、KJ法の考案のほかに「移動大学」という独創的な学びを開拓。また、現場のニーズを発掘し、ネパールで簡易水道の建設に尽力するなど、社会課題の解決、日本とネパールの交流にも大きな功績を残しています。

＊KJ法の実践
詳しくは川喜田二郎著『発想法 創造性開発のために』（中公新書）を参照。

これは後述のアイデアの発想と同じなのです。

川喜田氏はこれを、証拠物件を統合して犯人に至るという探偵の犯人探しにたとえています。路上で拾った物的証拠、過去の新聞記事、目撃者の証言などは、それぞれ別々の事象の断片です。それを結びつけて、事象の中に潜んでいた意味＝犯人を割り出すのです。KJ法は、わくわくする知的冒険だと言えるのではないでしょうか。

KJ法の実践方法

KJ法で情報をまとめると、要素群とそれを囲んだ円が矢印や線で結ばれた図になります。以下は手順の概略です。各行程が思考の過程となっているので、手を抜かずに順番に過程を踏んでこそ、最後の「発見」があります。

【準備するもの】

4色の付箋　太めの黒ペンを人数分　多色の太いペン一式　A4・A3白紙

【実践プロセス】

1．情報収集とカード化：現場観察、データ収集、インタビューで集めた材料をすべて揃えます。各情報の要素を忠実に付箋に書き出し、カード化します。付箋は視認性を高めるために太めの黒ペンで最大20文字程度で書きましょう。たくさん書

きたいことがある場合、要素を分割し、複数枚に書き分けましょう。

2. チーム編成(1)：全部の付箋を広げて、ゆっくり時間をかけて一つずつ眺めていきます。「同じ内容だ」「近い関係だ」と感じた付箋を小チームに編成します。同じチームの付箋はその後移動させやすいように、一つの白紙にまとめて貼りましょう。

3. 見出しづけ：小チームに集められた付箋をよく読みます。「どうして集めたか」を考えたうえで、一行の見出しをつけます。川喜田氏はこの見出しを「表札」と呼んでいます。このとき、頭の中にある常識的なカテゴリなどにとらわれないことが重要です。1枚の付箋が語るものに素直に従いましょう。どうしてもどこにも入らない付箋は無理にまとめないでおきます。

4. チーム編成(2)：小チームを中チームに編成して、同じ要領で中チームの表札をつくります。中チームの数が多い場合は大チームまで編成します。この過程で、孤立していた付箋もどこかに収まっていくはずです。

5. 空間配置：全チームを配置し、関係のあるチーム同士を線で結びます。関係性が理解できるように、T字型、放射状、円など、配置方法は工夫しましょう。

6. 文章化：その空間配置にタイトルをつけ、文章化します。

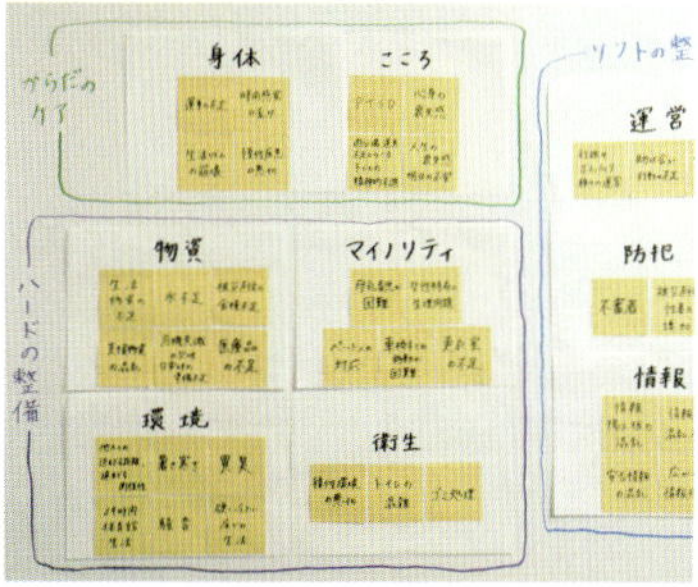

イシューマップの軸の発見

ＫＪ法で特徴的なのは見出しづけと空間配置の行程です。はじめはごちゃごちゃして複雑にしか思えなかったものが、ある程度整理された情報の集まりになり、要約されていきます。そしてその要約同士をかけ合わせたりつないだりすることで、最後には、情報の「まとめ」が行われてバラバラの状態ではまったく見えなかった新しい「意味」が見えてきます。川喜田氏はこれを「データが語りかけてくる」と称しています。集めた情報をＫＪ法で整理してまとめていくと、偏見や思いこみの入っていない、情報が語りかけてくる課題の本質や重要な要素という新しい意味が見えてくるのです。これが、イシューマップを描く際の「軸」になります。

イシューマップは、コンセプトを持った地図です。そのコンセプトとは、「何を主題にして描けば課題を直感的に捉えることができるか」ということです。その主題が「軸」です。ＫＪ法で得られたまとめから、「この課題は人同士の関わりがポイントだ」「この課題では森の住人が変化していく行動にカギがありそうだ」という、全情報を統合する意味が読み取れていきます。その「人との関わり」「変化」が、主題であり地図の「軸」なのです。「人との関わり」がカギであれば、ステークホルダーマップが効果的でしょう。「変化」なら、ジャーニーマップもしくは変化ステージマップで整理できそうです。KJ法で得られた発見が、どの種類のマップを描けばいいか、自然に示してくれるはずです。

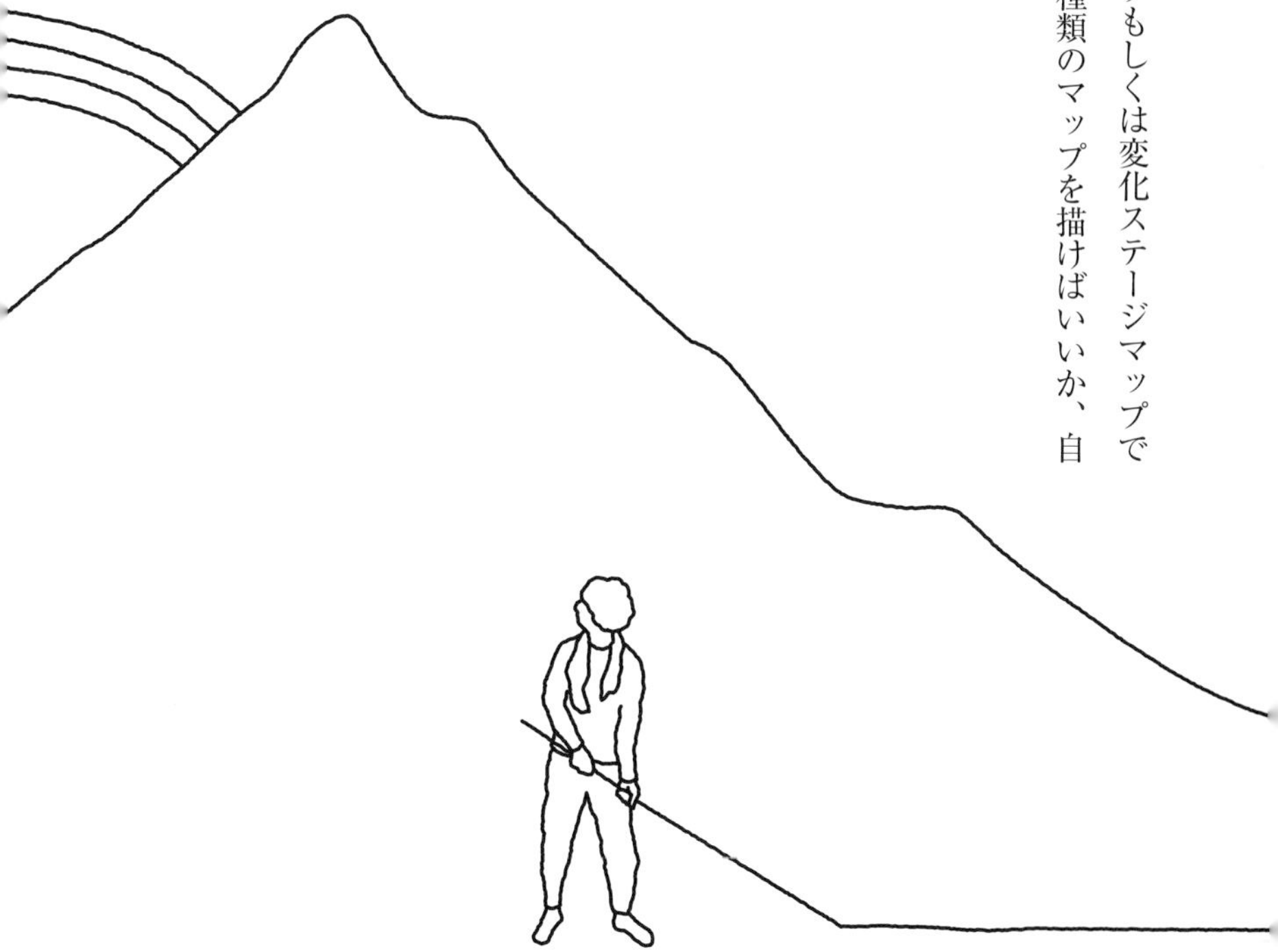

イシューマップを描く

ＫＪ法を通じて、対象とする社会課題の主題＝軸が見えたら、イシューマップを描いてみましょう。描く際のポイントは次の通りです。

真っ白なキャンバスに描こう

「われわれはいつの間にか、独断的な分類のワクぐみばかりに取りすがり、事実やその情報の語りかけに素直に耳を傾けようとしない悪習を身につけている」とは川喜田氏の言葉です。集めた声や記録や情報に対して、先入観や固定観念をなるべく排除して、真っ白な気持ちで、真っ白な紙を用意して向き合いましょう。

コンパクトにまとめよう（最大Ａ３サイズ）

ＫＪ法のアウトプットを横におきながら、まずＡ３の用紙にマップの構成要素を書き入れて、イシューマップを構想していきましょう。Ａ３サイズに無理なくおさまる程度まで構成要素を整理できると、社会課題の全体像をひと目で直感的に理解できるようになります。

タイトルをつけよう

主題がわかりやすくブレのないものが使いやすい地図です。その判断のために、地図に名前をつけましょう。「生活習慣病対策の行動障壁マップ」「離島を襲う負の連鎖地図」というように、取り組む課題＋主題（軸）を組み合わせた名前をつけることで、チームが取り組む領域と問題意識がはっきりします。

修正・加筆しよう、いろいろな人に見てもらおう

このマップは正解があるものではありません。自分で描く旅の地図がそうであるように、イシューマップもソーシャルデザインの行程中で書き加えたり手を入れたりするものです。また、チームメンバーをはじめ、プロジェクトに関わるいろいろな人に見てもらってわかりにくいところを指摘してもらい、どんどんブラッシュアップしていきましょう。

さまざまな人の手が入ることで、マップはどんどん使い勝手のよいものになっていくでしょう。はじめて見た人でも直感的にわかる地図ができあがると、プロジェクトに人を巻き込んでいく際の説明資料として、たいへん役立ちます。そしてチームや仲間の必需品として機能してくれます。

Journey 4

第4章 立地を選ぶ

多くの人を救う道は、ただ1本の広い道かもしれません。
それでも、道はたった一つしかいらないわけではありません。
社会課題の森のどこに道をつくるべきでしょうか？
険しい傾斜に数段の階段があれば、登るのがたやすくなるでしょう。
激しい川で隔てられていても、橋があれば渡ることができます。
細い獣道が通っていれば、山奥でも迷うことがないでしょう。
これらの小さな道が、やがて大きな道へとつながっていくのです。
どんな道をつくるかを考える前に、まず「どこに」を考えましょう。

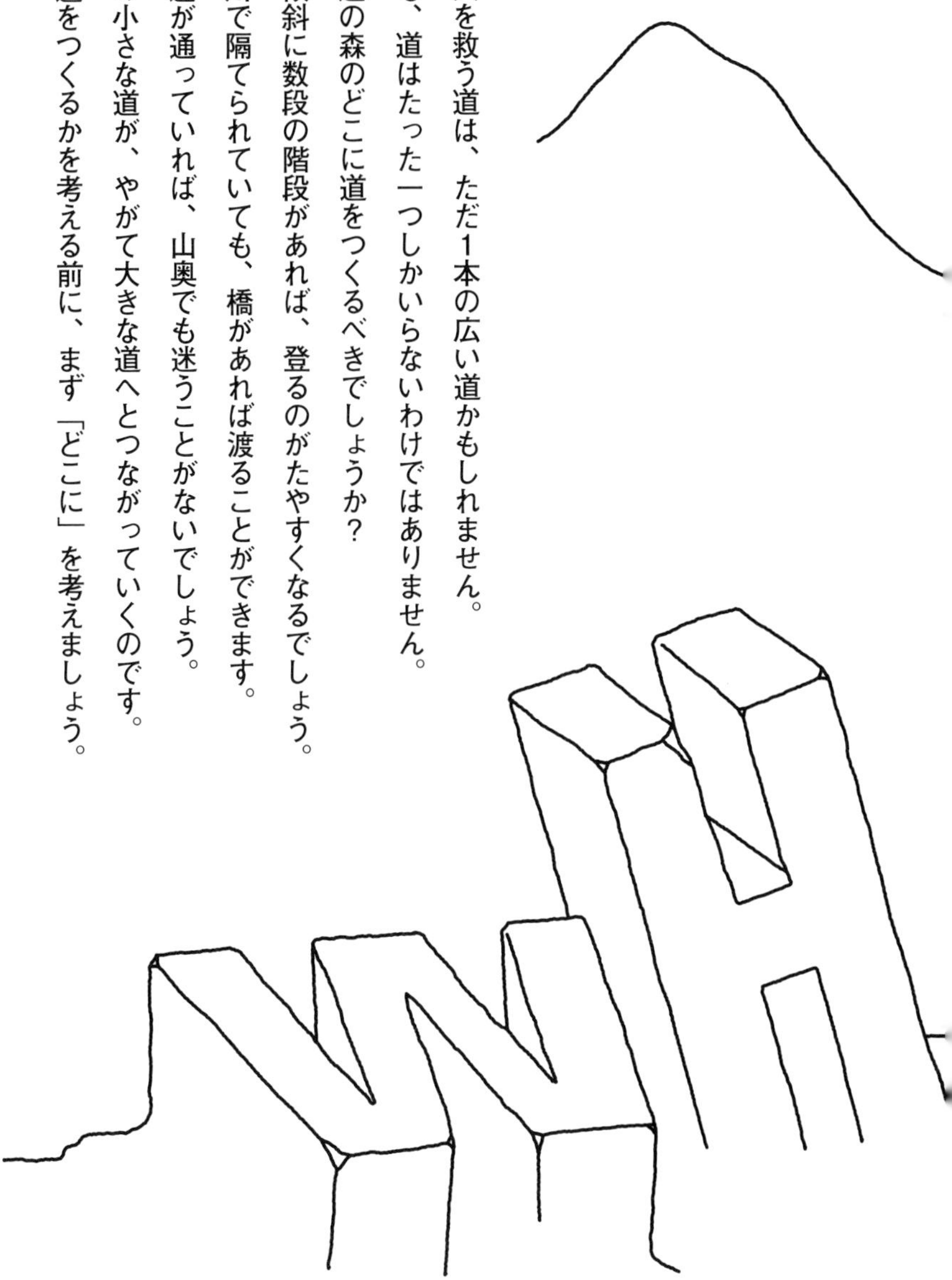

立地＝あなたのプロジェクトイシュー

大きな社会課題の中の、小さなプロジェクトイシュー

本書では、社会が抱えている一般的で巨大な課題を「社会課題」と呼んでいます。そして、その中で具体的に、あなたが解決しようと目指す細分化された課題を「プロジェクトイシュー」と呼んでいます。

２００８年にissue+designの第一弾のワークショップを行って以来、ソーシャルデザインを開始してから、ずっとこだわってプロセスに組み込んでいるのが、この「プロジェクトイシュー」の見極めです。巨大な社会課題の森の中で、本当に道をつくるべき場所、住民の生活にとって改善が必要な場所、あなたの力でつくれる場所（＝立地）を明確にするのです。

この本の読者の多くの方は、個人もしくは企業・行政・ＮＰＯなど何らかの組織に所属して、自分と仲間の力で社会課題の解決を目指している方でしょう。人口減少、高齢化、震災復興、生活習慣病、いじめ、貧困、水・食糧不足……日本の各地域、日本全体、そして世界が抱える社会課題はどれも複雑で一筋縄ではいかないものばかり

です。これらの課題を一個人や一組織が短期間ですべて解決することは不可能です。僕らに今できること、一度に対処できることは、これらの課題の中のほんの一部分です。しかし、その一部分の活動が課題に対して意義のあるものであれば、実現した先の未来に変化をもたらすきっかけとなり、課題解決に向けて、社会は少しずつ前進していくに違いありません。

イシューが見極められれば、プロジェクトの半分は成功

ノーベル生理学・医学賞を受賞した利根川進氏が科学者の研究スタンスに関して、次のように述べています。*

「科学者にとって一番大切なのは、何をやるかです。何をやるかというアイデアです。(略)どうでもいいことをやっているのに自分では何か重要なことをやっているつもりで一生を終るサイエンティストが多いわけです」

また研究テーマの選び方についても次のような興味深いことを述べています。

「結局、何が重要なのかを充分みきわめないうちに研究をはじめちゃうからなんですね。これはちょっと面白いなというぐらいで研究テーマを選んでしまう。それじゃダメなんです。前にもいったように、科学の世界というのは広大ですからね。その程度

＊利根川進氏の言葉
立花隆、利根川進著『精神と物質 分子生物学はどこまで生命の謎を解けるか』(文春文庫)より引用。1987年にノーベル生理学・医学賞を、日本人としてははじめて単独で受賞した利根川進氏の半生とその研究に、評論家・ジャーナリストの立花隆氏が20時間のインタビューを行って迫ったもの。

のことでテーマを選んだら、やることはいくらでもある。（略）だからぼくは学生に〝なるべく研究をやるな〟といっている。〝何をやるかより、何をやらないかが大切だ〟とよくいっている。（略）ちょっと面白いなという程度でテーマを選んでたら、本当に大切なことをやるひまがないうちに一生が終ってしまうんですよ」

ソーシャルデザインでも同様です。広大な社会課題の中で、取り組むべきものを見極める前に漠然と「教育問題に取り組もう」「被災者を支援しよう」というようなスタンスで取り組むとすぐに行き詰まってしまいます。まず、「教育のどこが問題なのか？」「被災者が本当に困っていることは何なのか？」といった問いを重ね、理解を深め、課題の本質をつかむ必要があります。そして自分が解くべきプロジェクトイシューを明確にすることが大切です。プロジェクトイシューは、自分たちの力で取り組めることの決定であり、自分たちに対して課すテーマの擁立です。それが「何をやるかのアイデア」へとつながっていきます。適切なプロジェクトイシューが見極められれば、プロジェクトは半分成功したも同然です。

ソーシャルデザインとは、鬱蒼と生い茂り先が見えない巨大な社会課題の森の中で、あなたが最優先で取り組むべき場所、何をやるかのアイデアを発見して解決する行為なのです。

最適な立地の定め方

広大な社会課題の森の中で、どこに、道をつくるべきなのでしょうか？　その決断のために必要不可欠なのが第3章（地図を描く）で作成したイシューマップです。まず、自分たちが描いた社会課題の森の地図、イシューマップをじっくり眺めましょう。そして、道をつくるにあたって最適な立地、つまりあなたが取り組むべきプロジェクトイシューを決めていきましょう。

立地は、「住民視点」と「あなた視点」の二つをポイントに、次の4つのステップで定めていきます。

1. プロジェクトイシュー候補を記述する
2. 住民視点で検証する
3. あなた視点で検証する
4. 住民視点×あなた視点で選択する

1. プロジェクトイシュー候補を記述する

最初に、イシューマップからイシューを抽出していく作業を行います。マップ上のさまざまな地点に、あなたが取り組みたい、取り組むべきだと思うプロジェクトイシューを付箋に記述して、貼りつけていきましょう。地図を隅から隅まで眺めて、各地点ごとに書いていきましょう。

この作業では、地図をよく眺めたうえで、可能性のあるイシューを残らず書き出すことが大切です。「自分にできるだろうか」「費用はどうだろうか」など、諸条件にこだわっていると、書き出せなくなってしまいます。まずは質より量、すなわち精度の高い一つを書くというよりも、数多く書き出していきましょう。たとえば、「生活習慣病」というテーマで過去に行ったワークショップでは、次のようなプロジェクトイシューが書き出されました。

・目に見えない運動の効能を伝え、モチベーションを高めるために、何が可能か？
・「忙しい」「時間がない」と言って、始めない人を動かすために、何が可能か？
・毎日の生活の中に、運動を自然と組み込み、習慣づけるために、何が可能か？

・通勤中、オフィス内など、仕事の中で運動する習慣作りのために、何が可能か？
・家族、恋人、友人から運動の推奨を促すために、何が可能か？
・続けられる、楽しめるウォーキング実現のために、何が可能か？
・いったん始めた運動を続けさせる、やめさせないために、何が可能か？
・休む日があっても、1週間全体で運動を管理できるために、何が必要か？
・運動に「本気で」取り組む動機をつくるために、何が可能か？
・ともに励まし合い、苦しみを共有できる「運動仲間」を作るために、何が可能か？
・昔は知っていた運動の楽しさ、充実感を思い出してもらうために、何が可能か？

フォーマットは自由ですが、「住民に始めてもらいたい具体的な行動」が含まれていることが大切です。僕らのプロジェクトでは「○○○のために、何が可能か？」と問いかけるフォーマットを用いますが、住民の行動がしっかり書かれていれば、書きやすいかたちで構いません。アメリカのデザインファームIDEO*では、「HOW MIGHT WE（どうすれば……することができるか）」というフォーマットを使うようです。さまざまなフォーマットを試しながら、自分たちのオリジナルフォーマットをつくり出していきましょう。

＊ IDEO
カリフォルニア州パロアルトを本拠地とするデザイン会社。製品のみならず、サービスやシステムなど幅広いジャンルをデザイン対象としています。また、人間中心のデザインを標榜し、ユニークなデザインプロセスを行うことでも知られています。詳細は、ティム・ブラウン著『デザイン思考が世界を変える』（早川書房）他を参照。

2. 住民視点で検証する

プロジェクトイシュー候補を複数書き、イシューマップ上に貼ったら、いくつかに絞りこみましょう。

そのときに一番大切なのが住民視点、住民に求められている場所を選ぶことです。遠回りをしないと渡れない川、大雨が降ると土砂が崩れる崖、子どもがよく迷子になる荒れ放題の繁み……住民が生活の中で困っていること、地域の問題となっていることが第一条件です。これは当たり前のことのようですが、プロジェクトにのめり込んでいくとなぜか忘れてしまいがちです。たとえば、教育関連のプロジェクトに取り組んでいると、教育システムや教育制度の議論などの大きな話になることがよくあります。他の国の制度との比較になり、制度の優劣が語られ、子どもや保護者がいつの間にか主役ではなくなってしまうのです。もし、こういう方向へ進んでしまっていたら危険信号が点滅です。

ソーシャルデザインの全行程において、そして特にプロジェクトイシューを選ぶときには、常に制度ではなく、住民を主語にするようにしましょう。中心に置かなければならないのは、子どもや親の気持ち、苦悩、ニーズです。システムや制度ももちろん大切ですが、僕らが取り組んでいるのは「人の気持ちを動かし、社会に幸せなムーブメントを起こす」ためのソーシャルデザインなのです。

以下の問いで検証しましょう。YESと言えない場合は、そのプロジェクトイシューを修正しましょう。修正する過程で他のものと近い場合は統合します。住民視点の課題ではないと判断した場合は、外しましょう。

だれの気持ちを動かすかが明らかか?

このプロジェクトイシューがだれのためのものなのかを明らかにしましょう。運動習慣を促すことが目的だとしても、外遊びの機会が少ない子ども、ダイエットを志す若い女性、メタボ予備群の中年男性ではアプローチが異なります。「だれでもよい」や「みんな」というのはダメです。できるだけ具体的な対象者像が見えることが、優れたデザインを生む優れたプロジェクトイシューの条件です。

始めてもらいたい行動が具体的か?

行動が具体的である必要があります。「運動を始める」「運動を続ける」だけでは不十分です。いつ、どこで行う、どんな運動なのかを明らかにしましょう。

3. あなた視点で検証する

この段階で、住民視点にかなった「具体的な住民の気持ちを動かし、具体的な行動を促す」プロジェクトイシューがいくつか残っているはずです。続いて、その中であなたが本当に取り組みたいものはどれか？　解決できるだけのリソースがあるのか？　あなたの視点で検証しましょう。

必要なリソースにアクセスできるか？

ある場所に橋をかけたいとしても、そこが森の奥深くにあり、そこまで必要な機材や材料を運ぶことが困難では、実現への道のりは前途多難です。教育に関する課題解決のために新しい授業のカリキュラムを企画し、その導入を目指しても、文部科学省の学習指導要領はそう簡単には変わりません。しかし、その第一歩として自分のなじみがある学校の放課後のプログラムとして取り入れてもらうことならば、近い将来実現できるかもしれません。

あなたの現在の立場や所属、持っているネットワークなどのリソースを見直して、実現可能性を検証しましょう。企業やＮＰＯなどの組織で取り組む場合は、組織の強みを活かすことができ、他の業務との相乗効果が生まれやすいかどうかもイシュー選びの大切なポイントです。

あなた自身がモチベートされるか？　やりたいか？

もっとも大切なのはあなた自身が取り組みたいかということです。プロジェクトは最終的に実現しなければなりません。どんなプロジェクトイシューでも解決までにはいくつものハードルがあります。そのハードルを突破できるかをもっとも左右するのはあなたのモチベーションです。あなたが「やりたい！」かどうかを確認しましょう。

4. 住民視点×あなた視点で選択する

最後に、住民視点×あなた視点で選びましょう。下の図のマトリクスで右上に位置するのが、あなたがこれから道をつくるべき場所＝立地であり、あなたに課されたプロジェクトイシューです。右上に複数の候補がある場合は「難易度は高いが、あなたならできるかもしれない」イシューを優先させたいものです。そこは、住民があなたの力を必要としているところなのですから。

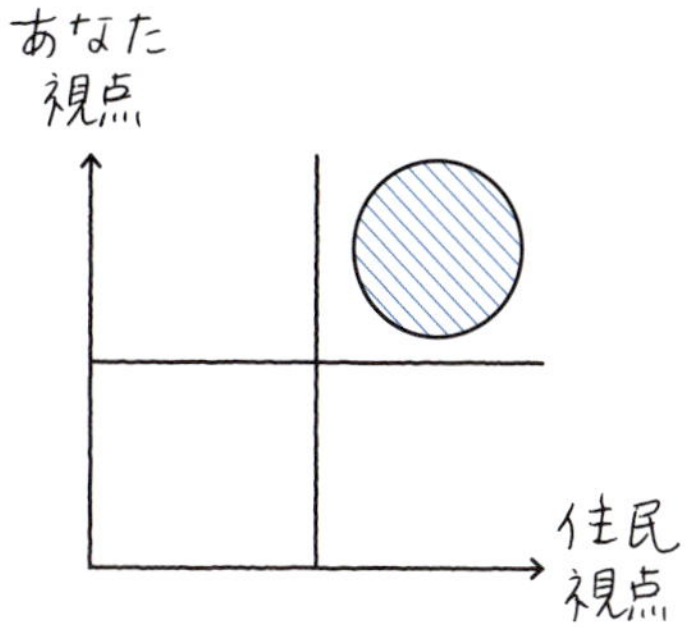

小さな成功を見通せるイシュー

ソーシャルデザインのプロジェクトは、どうしても「社会のために」「困った人を救いたい」という思いから、「日本の格差社会を変える」「地域経済を活性化するためにイノベーションを創造する」、そんな巨大で抽象的なプロジェクトになりがちです。社会を変えるために大きな目標を描くことは大切です。しかし、大きな目標であるがゆえに、何度も失敗したり、なかなか成果が見えなかったりすると、その目標までの道のりを途中で断念しがちです。そうならないためにも、実現可能性を意識した、確かで適切な大きさのプロジェクトイシューを設定することが大切です。

一つ実現することができると、その先には新たな景色が広がります。スキルも経験もネットワークも広がり、もっと大きな課題に取り組むことができるようになります。その結果として、大きな目標の達成に向けて確実に前進することができます。

この立地を選ぶというプロセスは、多くの人がソーシャルデザインに取り組み、継続するために大切な行程なのです。

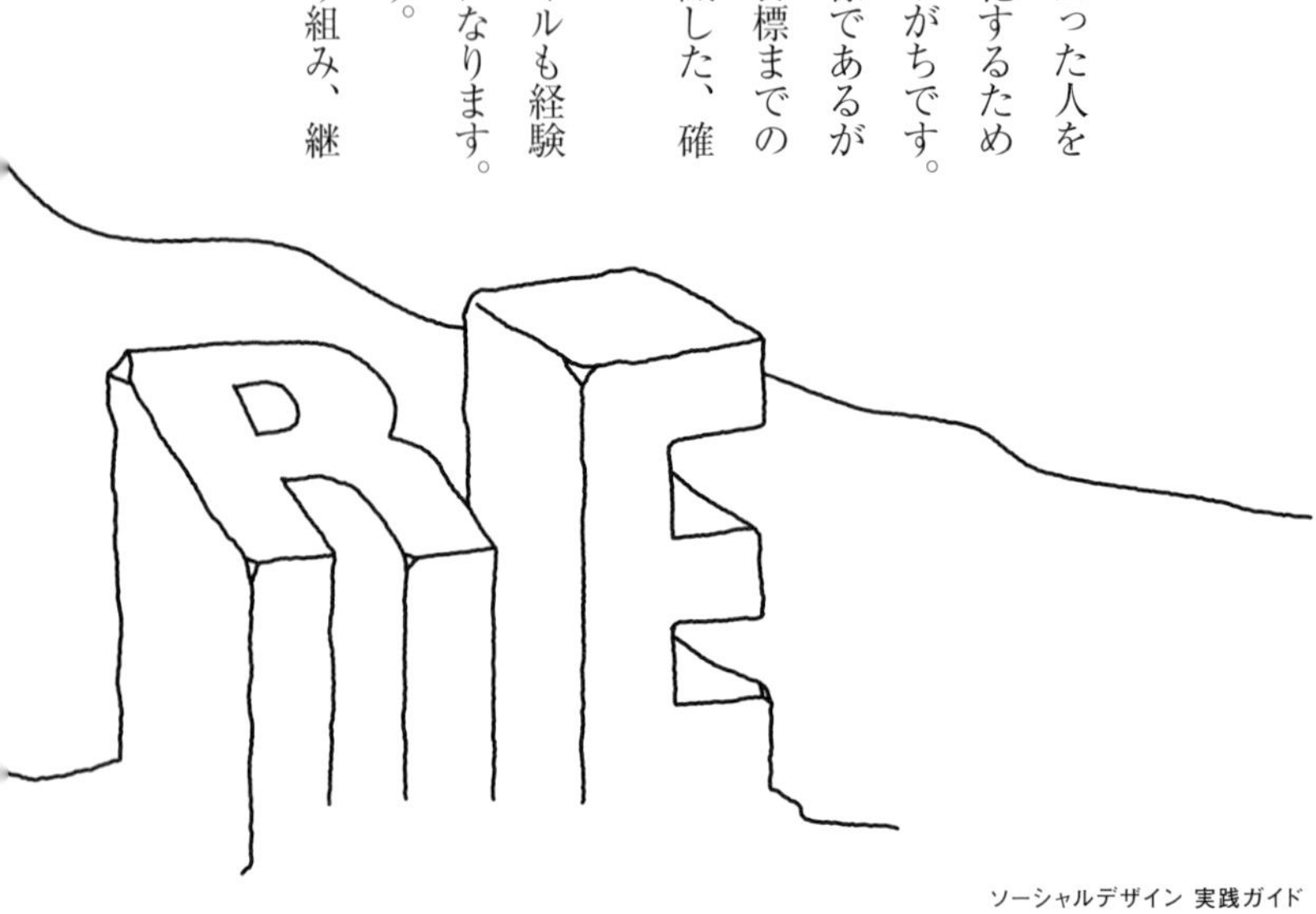

Journey 4

立地を選ぶ

Journey 5

第5章 仲間をつくる

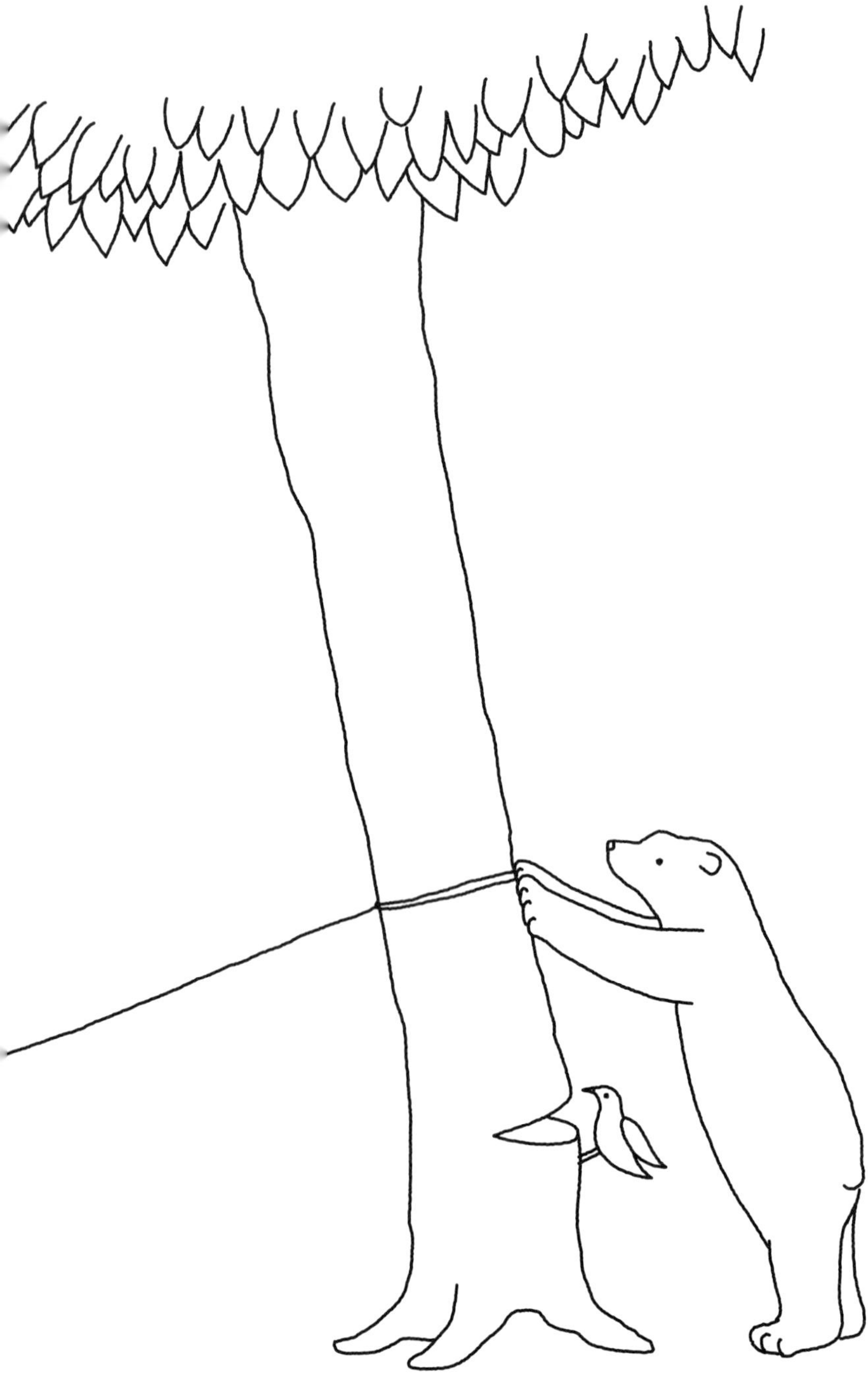

地図をポケットに入れて、道をつくる地点に立ちましょう。
これから始まる長い開拓の旅路を思い描くと、
きっと旅の道連れが欲しくなることでしょう。
旅に、仲間や相棒がいれば、一人ではできないことができます。
新しい出会いが、旅の進路を大きく変えることもあるでしょう。
ソーシャルデザインの仲間は、多過ぎて困ることはありません。
力を合わせる、頼もしい仲間をつくりましょう。

みんなでつくり、守る「道普請《みちぶしん》」

道普請という言葉があります。もともとは、道を地域住民みんなでつくり、守っていくという意味です。普請とは「普《あまね》く請《こ》う」こと、すなわち、広く大衆に請い行うことを意味し、古くは公共事業を「普請」と呼んでいました。そう、この言葉が意味するように、道づくりはみんなでやるものです。

ソーシャルデザインも同様です。一人で行うことは、まずないと言っていいでしょう。必要なのはあなたの身近にいる仲間だけではありません。社会課題を解決するためのムーブメントを起こすにはいろいろな人の関わりや支援が必要なのです。仲間が多ければ多いほど、つくっている最中も、つくった後も、道はしっかり踏み固められ、よりよいものになっていきます。ソーシャルデザインのソーシャルという言葉には、「社会」課題を解決するという意味と「社会」全体で取り組むという意味の二つがこめられているのです。

それではどんな仲間が必要でしょうか？　プロジェクトを進めるにあたっては主に2種類の仲間、ともにつくる仲間と社会を動かす仲間が必要です。

写真　ワークショップ風景①
対話を通じたイノベーションの創出を目指すNPO法人「ミラック」のワークショップの様子。

ともにつくる仲間

あなたとともに、プロジェクトの全プロセスに関わり、活動を進める仲間が必要です。コアメンバーといえる存在です。プロジェクトの規模によりますが、最小3名、最大10名くらいが一般的です。ソーシャルデザインのプロジェクトを進めるには、どんな能力やスキルを持った仲間が必要でしょうか？　デザインファームＩＤＥＯのトム・ケリーは、イノベーションを起こす会社には、10種類*の人材が必要だと述べています。ソーシャルデザインのプロジェクトは少人数のことが多いので、この10種類を参考に、ともに道をつくるために必要な4種類の人材を紹介します。

現場監督（ディレクター）

プロジェクトリーダーの役割を果たします。道づくりには、調査、設計、施工など、多くの作業に携わる人が必要です。それらの人材を集めて管理し、ゴールに向けて、チームを指揮していく存在です。最大の役割は仲間のモチベーションのデザインです。ソーシャルデザインのプロジェクトでは、金銭的報酬以上に、社会的意義、やりがい、

＊10種類の人材
【情報収集をする人材】
①人類学者 ②実験者 ③花粉の運び手
【土台をつくる人材】
④ハードル選手 ⑤コラボレーター
⑥監督
【イノベーションを実現する人材】
⑦経験デザイナー ⑧舞台装置家
⑨介護人 ⑩語り部
（トム・ケリー、ジョナサン・リットマン『イノベーションの達人！ 発想する会社をつくる10の人材』早川書房）

仲間意識などの精神的・社会的モチベーションが大切です。後ほど登場する社会を動かす仲間、資金を援助してくれる仲間を含め、みんながこのプロジェクトに参加したいと思う「動機」、参加して得られる「幸せ」や「手ごたえ」を設計しましょう。

調査技師（エスノグラファー）

主に第1〜2章の観察やインタビューで力を発揮する人材です。ここで得られる社会課題に関する情報はプロジェクトの今後を左右する大切な地盤になります。脆い地盤の上に道をつくってしまっては、波うちゃひび割れを起こしてしまいます。エスノグラファーというと高度な専門性が必要な印象がありますが、現場をくまなく歩き、住民の声を丁寧に聞き、そこで新しい事実、気になる点を発見することを楽しめる人であれば、トレーニングすることで十分に担える役割です。

職人（クリエイター）

ものを創ることが大好きな人が必要です。ソーシャルデザインのプロジェクトでは、必ずしもプロダクトやグラフィックなどのカタチがあるものをつくるとは限りません。しかし、手や身体を動かして、何かをつくることが好きな人はあらゆる行程で必要で

す。観察結果をイラストで表現したり、段ボールでアイデアを試作してみたり、ワークショップを盛り上げるツールをつくったり、他のメンバーの創造性を刺激する役割も果たします。

触媒役（カタリスト）

道をつくる際には多方面とのコミュニケーションが欠かせません。「カタリスト」とは、促進する働きをする、きっかけ・触媒の働きをする人やものを意味します。ワークショップで参加者の気持ちを盛り上げ、意見を引き出すファシリテーターという役割に最適な人でもあります。その他、必要としている新しい人材を探してきたり、ムーブメントを起こすための活動を仕掛けたり、プロジェクトを大きく広げていくために必要な人材です。

それぞれが得意領域を持つとしても、全員がすべての領域に関わるのが原則です。職人は観察しない、調査技師はアウトプットづくりに無関心、触媒役は調査データを検証しない……これではチームとして機能しません。全員で声を聞き、アイデアを考え、アウトプットをつくるのです。各領域をリードする専門家がいるというだけです。

これら4つの役割を果たす人材が必要なため、現場監督が2役兼務するとしても、最低3名でプロジェクトを進めることをおすすめします。

また、現場監督は4つすべての職能において、一定水準以上のレベルである必要があります。もしあなたが今後ソーシャルデザインのプロジェクトをつくり、実行していくのであれば、あなたの強みの領域を決めつつ、全領域に挑戦してソーシャルデザインの総合力を高めていきましょう。

住民とともにつくる

限定されたコアメンバー以外に、地域住民から幅広く参加者を募る住民参加型でプロジェクトを進める場合もあります。パート2で紹介するコミュニティトラベルガイド『福井人』がその一例です。このプロジェクトでは、ガイドブックのコンテンツの発掘・取材・執筆に福井県嶺北地方のみなさん38名に参加してもらいました。

参加者は特別なスキルが必要なわけではありません。学生、主婦、高齢者、だれもが自分のできる範囲で参加してもらいます。ワークショップを通じて、チームをつくり、議論を重ね、各自の役割を担い、アウトプットをつくりあげていきます。

社会を動かす仲間

アイデアが具体的なかたちになり、社会に送り出すことができても、それを実際に使ってくれる人、共感してくれる人がいなければ、つくった意味がありません。この共感の輪が広がっていくことで、社会を変えるムーブメントが生まれます。

社会を動かす仲間を幅広く増やしていく際には、家族や友人、同僚のような普段から関係性が強いネットワークよりも、ちょっとした知り合いや知人の知人のような弱いネットワークが効果的です。これはアメリカの社会学者グラノベッターの論文「弱い絆の強さ」*で示された概念です。自分と強い絆の人はネットワークが重複している（人間関係が類似している）のに対して、弱い絆の人はネットワークに重複がない（人間関係が大きく異なる）ため、一挙に広範囲なネットワークにアクセスができるというわけです。社会を動かすためには、身近な関係性だけではなく、広く新しい関係性を広げていくことを意識しましょう。

その際に、特に関係をつくっておく必要がある2種類の人材が発信者（ネットワークハブ）と後援者（サポーター）です。

*「弱い絆の強さ」
1973年にアメリカの社会学者マーク・グラノベッターが発表した論文。就職活動中の人に対する調査によって、就職につながる有用な情報は関係性が近い仲間ではなく、関係性が遠く環境が異なる知り合い（弱い絆）を通じて手に入れやすいことを発見しました。

発信者（ネットワークハブ）

あなたのアイデアを実現し、社会課題を解決するためには、まず森の住民にその存在を知ってもらい、参加・利用してもらうことが第一です。一軒一軒訪ねて説明して、そこから口コミで広がるのを期待する手もありますが、時間と労力は限られるので、広いネットワークを持つ仲間に助けてもらいましょう。

世の中には、多くの人とつながりを持ち、広く情報発信することのできる人がいます。情報の集約・拡散のハブの役割を果たしている人です。こういう「発信者」があなたのプロジェクトに共感してくれると大きな広がりが期待できます。協力してもらいたい発信者は二通りいます。

一つは新聞・テレビ・ラジオ・雑誌・インターネットなどのメディアの人々です。全国紙・全国ネットのテレビ局・インターネットの影響力も大きいのですが、地域のプロジェクトでは、地元の新聞やテレビ局で地元のニュースとして大きくとりあげてもらうことの効果は絶大です。プロジェクトの節目節目で声をかけて、取材をしてもらえるようにアプローチしましょう。

もう一つは、地域のコミュニティにおいてそのテーマにかかわる中心人物、まちづくり団体の代表、大学の先生、社会起業家などです。第2章のインタビューの対象者

と重なる場合も多いでしょう。インタビューを通じて面識があると、協力依頼がスムーズです。コミュニティのネットワークの中核といえる人に協力してもらえるかどうかは、プロジェクトの成功の大きなポイントです。

後援者（サポーター）

個人から企業、行政まで、社会の一員としてあなたのプロジェクトに共感し、お金や物品というかたちで協力してくれる仲間です。ソーシャルデザインに必要な資金づくり、そのための仲間づくりについては後述します（P159）。

社会を動かすオンラインの仲間

ソーシャルデザインのプロジェクトを進めるにあたって、無限の広がりを持つインターネット上で活動を公開していきましょう。オンラインの仲間が共感して支援してくれると、活動が大きな動きになっていきます。後述のクラウドファンディング（P162）は、まさにインターネットの広がりを活用した支援の仕組みで、資金を集める際にも強力な助けになります。

また、住民参加型でプロジェクトを進めたい場合には、多くの人が集まることができる場を設けなければなりません。しかし、実際に集まる機会を設定しようとすると費用や労力が必要です。そんなとき、オンラインの場を設定し、意見交換・関係づくり・企画づくりに役立てることができます。遠隔地にいて参加したくても参加できない人に門戸を開くこともできます。素早くオンラインで拡散することで作業効率を高めたり、労力を軽減することもできます。

現在は、世界中の人との情報共有を可能にするソーシャルメディアと呼ばれるサービスやプラットフォームが多数あります。あなたの社会課題への問題意識、プロジェクトへの思いがソーシャルメディアによるシェアというかたちで広がり、多くの人に共感してもらえると、資金面、人材面で大きな助けとなるでしょう。あなたが使いなれているものが一番ですが、ユーザー数が多く使い勝手の良いフェイスブックを使うのが一般的です。プロジェクトがスタートしたら、早い時期からフェイスブックページを立ち上げてみましょう。進捗を報告して幅広い層から意見をもらう、参加者のグループを作って深く密な議論を重ねるなど、目的に応じて適切な方法を使い分けることで活動の幅を広げることもできます。ソーシャルメディアを効果的に使いながら、仲間を増やしていきましょう。

仲間づくりのためのワークショップ

「ワークショップ」という言葉を知っている人は多いでしょう。最近、さまざまなところで、さまざまな目的のために、行われるようになりました。行政の一環として自治体が開催することも多く、市民団体やＮＰＯとの協力で行われることもあります。「ワークショップ」とは、何でしょうか？　一言でいうと、「みんなを開く『場』」です。ワークショップは、会議の手法、民意反映の方法、問題解決の手法または発想法と考えられがちですが、そのように使うこともできるということで、そのものではありません。ワークショップという場には以下５つの特徴があります。

【参加】 ワークショップは、教える人と学ぶ人というような一方通行の場ではありません。みんなが主体的に参加することがもっとも大切です。そして参加者全員でともに場をつくりあげていきます。

【体験】 体験という言葉には二つの意味があります。一つは個人が体験してきたこと＝ワークショップの資源だという考え方です。もう一つはワークショップの場での体験が大切だという意味です。各自の体験を持ち寄ってワークショップという体験の場をつくりあげます。

【共有】互いの知識や経験を認知し合い、学び合い、協同作業を行うことで、相互作用が起こり、場にダイナミズムが生まれます。

【五感】身体を動かし、手で触れ、眼で確認し、意見を聞き、場の空気を感じる。一人ひとりが五感を開いて、自分の創造性を刺激することが大切です。

【創造】個人の中に思いがけない発見があり、参加者全体で一人ではできない成果を生み出す場です。創ることの実感はワークショップに参加する大きな動機です。

ワークショップという言葉はアメリカ生まれですが、そもそもこういう「場」は、日本では珍しいものではありません。日本各地に「講」や「結」などの共同・互助の組織があり、同じ共同体の一員として一体感を持ち、協議・協働する伝統的な仕組みがあります。また、祭などの神事や年中行事の際には、共同作業や飲食をともにする場が持たれ、身体性を共有しながら多くの物事を語り合うことを、ごく当たり前に行ってきました。その延長線上だと思うと、私たち日本人には容易に思えてくるのではないでしょうか。

ワークショップの目的とプログラム

一口にワークショップと言っても、目的によって参加者もプログラムも変わります。漠然と開催するのではなく、その目的をはっきりさせたうえでプログラムを企画しましょう。プログラムは主に4つのタイプが考えられます。

1．拡散型

特にゴールを設定せずに、課題を検討し尽くすこと、アイデアをたくさん出すことなどを目指すプログラムです。有識者や住民が参加して、地域の課題や魅力を洗い出すときなどに適しています。一人ひとりが自分の経験やアイデアを考える個人作業と、参加者同士が互いに刺激し合うチーム作業の組み合わせで構成されます。

2．収束型

一つの方向に収束させて結論を出すことを目的としたプログラムです。まちづくりなどで、住民の参加・同意に基づき、計画を進める場合などに用いられます。合意・収束が目的ですので、プログラムのほとんどをチーム作業が占めます。進行役（ファシリテーターのこと。Ｐ１５８）の力がもっとも問われるワークショップです。

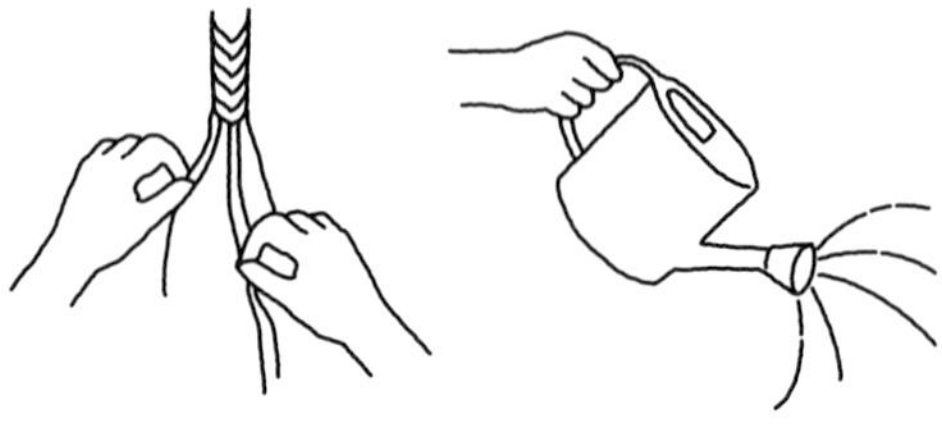

3. 創造型

一つもしくは複数の実効性ある企画を参加者がつくることを目的としたプログラムです。ゼロから新しいものをつくることが目的であるため、プログラムの設計がもっとも難しく、参加者の頑張りが必要なワークショップです。現場の観察やインタビューから始まり、アイデア出しまで複数日かけて実施するのが一般的です。短時間で実施するのは困難です。

4. 交流型

住民同士、住民と主催者側（行政、NPOなど）の関係性を深めたい、新しいつながりをつくりたい、そんなときに行います。対話の時間を十分にとったり、いろいろな人と話せる仕掛けをつくったり、懇親会を充実させたりと、つながりづくりの工夫をこらします。解決したい障壁や派閥のようなものがあるなら、チーム分けなどでの工夫が必要です。

いずれのプログラムでも、同じ「場」を共有したこと自体が、参加者同士の仲間意識になります。また、複数回開催することで、仲間のつながりが太くなり、より難易度の高いプログラムを実行できるようになっていきます。

プログラムを検討する際のポイント

詳細なプログラムを作成・検討するにあたって、考慮しなければならないポイントが3つあります。

1. 参加者の資源

ワークショップとは、参加者が個々の意見や体験を共有し、お互いを刺激しあい、目的に向けて高めあう場です。参加者がどんな人で、そのワークショップの目的に関する知識、経験、スキルなどの資源をどれだけ持っているかによって、プログラムは変わります。観光ガイドブック制作のためのワークショップでも、参加者が有識者の場合と一般住民の場合では期待できる成果も進め方も異なるでしょう。有識者の場合は専門的な知識や経験をしっかり語ってもらう機会とする必要があるので、ややフォーマルな場になるかもしれません。一般住民の場合は、生活に密着した隠れスポットや住民しか知らない名物などの情報に期待したいので、できるだけカジュアルで話しやすい場づくりが必要でしょう。参加者の資源がワークショップそのものの資源となるように考えましょう。

2．参加者との関係性

参加者のどれくらいの人を事務局側が事前に把握できているか、どの程度意図が伝わっているのか、参加者の期待を理解しているか、これも大きな要素です。インタビューなどを通じて事前にじっくりと話をしている人が相当数いるのであれば、場の雰囲気を予測できます。参加者との関係性があまり築けていない場合は、導入部分を厚くして、プロジェクトの理解を深める時間や、参加者同士、参加者と事務局の間に和やかな雰囲気をつくるために、アイスブレイク*の時間を長めにとります。

3．会場、設備、時間などの制約

ごく基本的なことですが、開催する場所、設備、そして時間によってプログラムは変わります。広い会場では身体を使ったり、移動するなどのプログラムが可能です。机やホワイトボードがない会場で、大きな模造紙に記録する作業は難しくなります。座敷でやると、和やかな雰囲気になりやすいです（やはり日本人は靴を脱いで、座敷にあがるとリラックスできるんですね）。短時間でやらなければならないようですと、事前に宿題を出す必要があるかもしれません。制約条件を理解しながら、プログラムを組み立てましょう。

＊ アイスブレイク
初対面同士の緊張をほぐし、関係を築くことをねらいとする活動。緊張や不安を氷にたとえ、それを壊すという意味から来ており、多くのやり方があります。自己紹介をする、ゲームを行う、簡単なクイズを解く、身体を動かすなどが一般的です。インターネットでも多くの参考例を探すことができます。

ワークショップの事前準備

ワークショップは、準備に意外と手間がかかります。慣れるまでは、事前準備に十分な時間をとりましょう。会場設営や道具の用意など、次のような点をチェックしながら準備します。

事前準備のポイント

【会場】会場はしっかり押さえることができたか？　広さは十分か？
【設備】ホワイトボード、机、椅子、プロジェクター等、必要な設備は整っているか？
【参加者】参加者をどのように集めるのか？　何人ぐらい集まりそうか？
【グループ】何人のグループをいくつ用意するのか？　グループをどう分けるのか？
　グループ内の人数は多過ぎないか？　複雑な人間関係がないか？
【時間】開催時間は十分か？　短い時間にプログラムを詰め込みすぎていないか？
【持ち込み備品】何を会場に持ち込む必要があるか？　数は十分か？
【運営体制】運営者側は何人か？　ボランティアやゲストを呼ぶ必要があるか？

写真　ワークショップ風景②
（上）『三陸人』ワークショップ。芝生の上でリラックスな雰囲気で対話。
（下）『福井人』ワークショップ。ファシリテーターを中心にガイドブックで紹介したい魅力的な福井人を発掘。

プログラムの検討

プログラム*は大きく分けると、導入部→本体→クロージングの3つで構成されます。

【導入部】

ワークショップの目的やルールなどの基本的な情報の共有を行います。自己紹介をしたり、緊張をほぐすためのアイスブレイクを行う場合もあります。

【本体】

ワークショップの本プログラムです。観察、体験、対話、ブレインストーミング、創作など、場や目的に合わせて行います。全体の時間配分を考えながら複数のプログラムを組み合わせましょう。アイデアを発想することが目的の場合は第6章（道を構想する）の発想法を参考にしてみてください。

【クロージング】

成果を確認したり、ワークショップを振り返ったりする、いわゆる「まとめ」です。ワークショップの目的に沿って、今後の活動につながるまとめ方を検討しましょう。

これは基本形ですので、目的と制限時間によって、臨機応変に、効果的なプログラムを組むことが大切です。書籍やインターネット上でワークショップのプログラムに関する情報が多数公開されているので参考にしましょう。

＊ワークショップのプログラム

ワークショップの方法論やプログラムの詳細については、木下勇著『ワークショップ 住民主体のまちづくりへの方法論』（学芸出版社）を参照。

運営体制の検討

事前準備で大切なのが、運営側のスタッフの手配と役割分担です。ワークショップには以下の4種類の役割を果たす人材が必要です。

【ファシリテーター（後述）】

対話を促し、場を進行する役割。テーマ、参加者、人数によっては、テーブルごとに1名ずつテーブルファシリテーターが必要な場合もあります。

【レコーダー】

音声、映像、写真、文字でワークショップの過程を記録する係。どこまで残す必要があるかを見極め、必要なものを確実に残しましょう。

【ロジスティクス】

事前準備から当日の臨機応変な対応までを取り仕切る裏方です。

【プロセスマネージャー】

進行を管理して、必要に応じて修正し、メンバーに適宜指示をする全体の総括役。ファシリテーターと兼ねることもありますが、外から眺めることで気づくことがあるので、別の人が理想的です。

運営側はファシリテーター（プロセスマネージャーとの兼務）ともう1名（ロジス

ティクスとレコーダーの兼務）の最低2名必要です。テーブルファシリテーターが必要なプログラムの場合は、テーブルの数の人数分が加わります。十分な人数が確保できない場合は、参加者にも手伝ってもらい、一人2役・3役こなしながら、進めましょう。

ファシリテーター

ワークショップで特徴的な役割が「ファシリテーター」です。ファシリテーターは、先生役でも、司会でもありません。「場」がよりいっそう開かれたものになるように活性化していく人です。停滞したら新鮮な動きをつくる、一人ひとりの参加を促進する、何かちょっとした要素を足してきっかけをつくるなどを行います。ファシリテーションの能力はソーシャルデザインを行うにあたって必ず必要です。特別な資質が必要なわけではありません。話を聞く、質問する、まとめる、多くの人を気遣う、こうしたコミュニケーションの基本的なことができれば問題ありません。周りにみんなが自然に集って輪ができていく、キャンプファイヤーの焚き火のような存在をイメージしてみてください。まずはテーブルファシリテーターから始めて、経験を重ねて大勢が集まる場のファシリテーションができるように、スキルを磨いていきましょう。

資金づくりは仲間づくり

たとえ小さなプロジェクトでも、道具や設備のいらない企画でも、活動には資金が必要です。また、立ち上げたプロジェクトを継続していくことで、解決へとつながる道が長く広くなっていきます。長期間、続ければ続けるほど、さらに資金の必要性を感じるはずです。

ソーシャルデザインの資金調達は高いハードルです。しかし、プロジェクトを続け、社会課題解決に向けて前進するためには越えなければならないものです。綿密な計画のもとに、しっかり進めましょう。

ビジネスの世界で、お金を集めるためには、モノやサービスの価値、収益性やリターンなどの経済的側面がもっとも問われます。しかし、ソーシャルデザインの世界ではその二つ以上に、プロジェクトへの「共感」が大切です。すなわち、ソーシャルデザインの資金づくりとはプロジェクトに共感してくれる仲間をつくる活動なのです。金銭というかたちであなたに手を差し伸べてくれる仲間を増やしましょう。

ソーシャルデザインにおける資金づくりの方法は主に次の４つです。

1．行政から業務を受注する

社会課題の解決を日常業務として行っているのが国や地方自治体などの行政です。地方自治体はあなたの生活に密着したさまざまな業務を行っています。その業務について、民間の力を借りるために、委託・発注している業務がいろいろあります。公募により複数の組織から提案を受けて、発注先を決めるプロポーザル方式が一般的です。あなたが取り組んでいる領域の行政担当者とは早い段階から関係性を築いておきましょう。その自治体の業務以外でも、周辺自治体のこと、助成金のことなど、適切な助言を得られるかもしれません。

2．行政や財団の助成金を得る

自治体にも社会課題に対する活動を支援する仕組みがあり、資金の提供も行っています。また、社会貢献を目的とした財団も多数あり、さまざまな事業に対して助成金を交付しています。ただし、たいていの場合は企画書や計画書などをきちんと準備して、複雑な手続きを経なければなりません。また、支給はプロジェクトの成果を報告してからという場合が多く、時間を要するケースが大半です。すぐ資金が必要な場合には適していません。事前にゆっくり時間をとり、綿密に準備・計画しましょう。

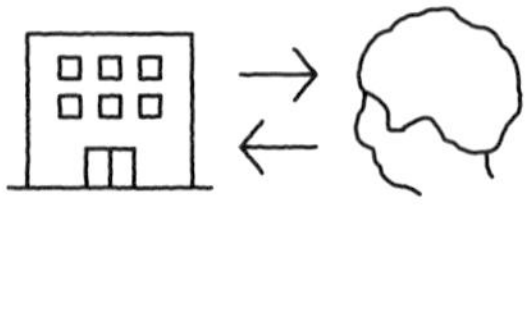

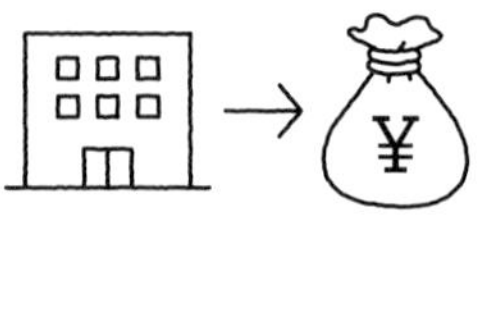

3. 事業化する

あなたのプロジェクトを通じて生まれた商品やサービスの販売、イベントなどへの参加料、企業からの協賛金などを通じて、資金を調達するという方法です。あなたのアイデアに共感してくれた人や企業に対して何かを提供して対価を得るというモデルです。対価を得るため、企画にそれ相応の経済的価値が求められますが、ビジネスの世界での経験が豊富な人には取り組みやすい方法です。成功すれば、安定した資金源となり、持続性も高まります。

4. 寄付を集める

現在、多くのNPOが支援者から寄付を受けることで資金を集めています。以前はNPO法人などのしっかりした法人格がないと、寄付を集めることはたいへんハードルが高いものでした。しかし、近年チャリティーのプラットフォームが立ち上がるなど支援の入り口も広がり、多くの人が参加しています。また、次に紹介するクラウドファンディングの仕組みが日本でも普及しつつあり、ソーシャルデザインのプロジェクトには最適な資金集めの手段の一つとなりつつあります。

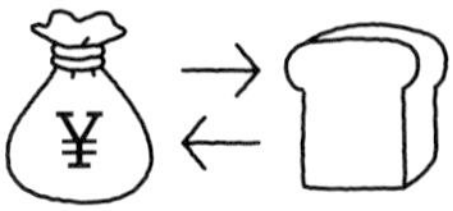

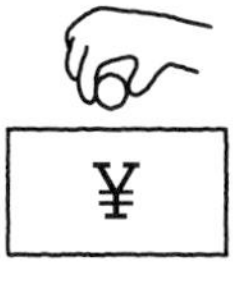

クラウドファンディングを活用する

クラウドファンディングの仕組み

クラウドファンディングは、crowd＝多数の人、funding＝資金調達、つまり不特定多数の人から資金を募る、アメリカで始まった仕組みです。ウェブ上で自分が実現したい目的や事業計画を公表し、資金を拠出してくれる人を募集します。投資家ではない幅広い個人を対象に、少額から出資を呼びかけます。あなたのプロジェクトに共感してくれた仲間から少しずつお金を集める仕組みですので、まさにソーシャルデザインのための資金づくりのプラットフォームです。

アメリカでは、かなり社会的に認知されており、映画制作、ミュージシャンの支援、災害支援、教育プロジェクトなどで活用されています。中でもＮＰＯやＮＧＯの活動への支援が多くの人の関心を集めています。日本でも急速に普及し始めています。

クラウドファンディングには３つのタイプがあります。

【寄付型】何かをリターンすることのない、寄付を求めるタイプ

【購入型】プロジェクトが提供する何らかの権利や物品を購入してもらうタイプ

【投資型】出資を募り、利益が出たら分配するタイプ

クラウドファンディングを開催する

日本でもっとも一般的な購入型を例に実際に開催するまでのプロセスを紹介します。

1. クラウドファンディングのプラットフォームを探しましょう。利用規約や利用方法をよく読み、サイトを検証し、あなたの目的にあったものを選択しましょう。

2. 企画書を書きましょう。共感してもらうことが何よりも大事です。資金提供者は「一緒にプロジェクトを進めてくれる仲間」です。「資金がないから助けてほしい」ではなく、「このプロジェクトをやるべきだ」というあなたの強い思いを伝えましょう。また、概要、経緯、活動母体を明示することが重要です。安心して出資してもらえるように、信頼に足るプロジェクトであることをしっかり伝えましょう。

3. 資金の目標額を設定します。一口が小口の場合が多いので、高額すぎる目標額の達成は難しく、低く設定しすぎて事業が継続できないのも問題です。自己資金、継続的な活動に必要な資金などをチェックして、適切な額を設定しましょう。

4. 投資してくれた人に提供するギフト（引換券）を設定します。千円単位から十万円単位まで、投資額に応じて商品・サービス・機会を数段階に分けて提供します。共感を集められるギフトを設定できるかが成否に大きく関わります。

5. 一通り書き終えたら、プラットフォーム運営者側に提出します。審査があり、企画書の完成度が問われるのが一般的です。審査を通過したら、いよいよ開始です。

6. 多くの人に知ってもらうための広報活動を積極的に行いましょう。フェイスブック、ツイッターなどのソーシャルメディアでの情報発信が効果的です。

7. 期日までに目標額を達成したら、プロジェクト成立です。プラットフォーム側の手数料を除いた額が入金されるはずです。投資してくれた方に御礼の気持ちを伝えること、購入型の場合はプロジェクト達成時に約束のギフトをすみやかに送ることを忘れないようにしましょう。

クラウドファンディングで資金を集めるプロセスを通じて、その後のプロジェクトの成否に関わる貴重なつながりが生まれるかもしれません。いろいろな人にプロジェクトを知ってもらういい機会でもあるため、積極的に挑戦しましょう。ただし、人からお金を集めるということは、想像以上に大変なことです。行うのであれば、しっかりとした準備と覚悟のもと、誠意ある態度で取り組みましょう。

Journey 6

第6章　道を構想する

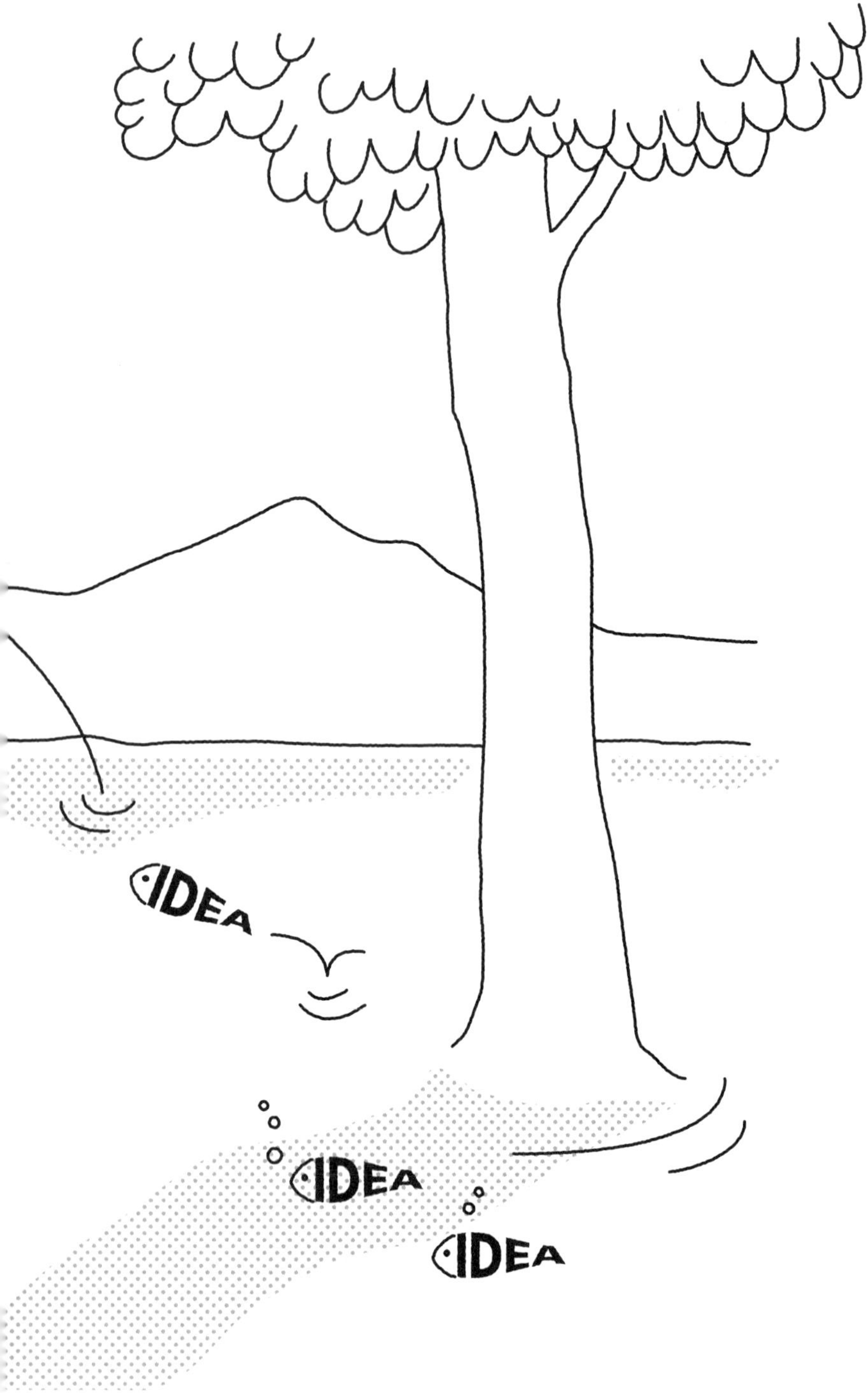
IDEA
IDEA
IDEA

どこに道をつくるかが決まったならば、
どんな道にするかのアイデアを出しましょう。
仲間とともに、道の構想を練るのはとても楽しい作業です。
どんな道がみんなに求められているのだろう？
自分と仲間の力で、何がつくれるだろう？
仲間とともに頭を振り絞り、活発な議論を重ね、
みんなのための素晴らしい道のアイデアづくりを始めましょう。

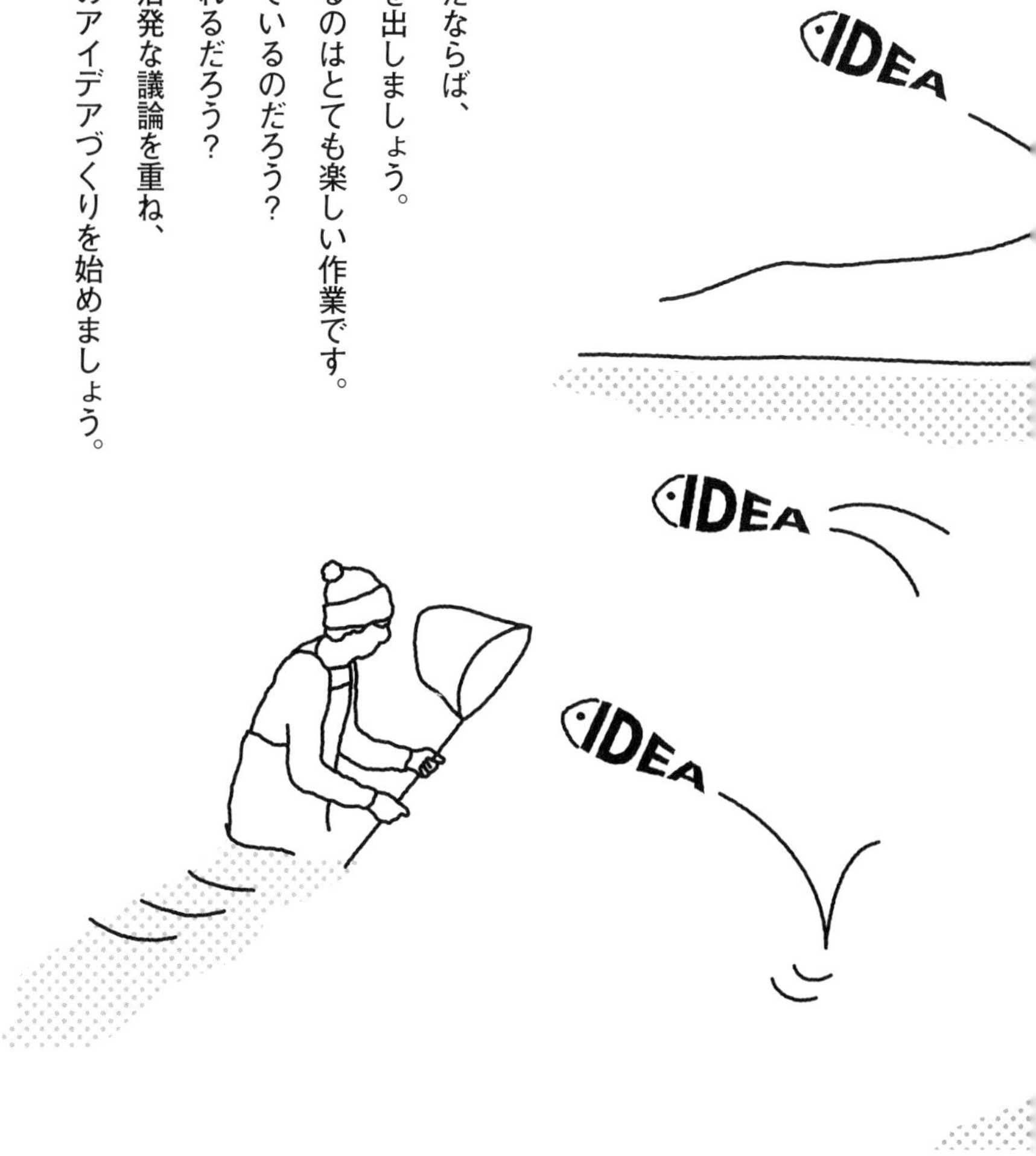

道のアイデアをつくる

アイデア。本当に気軽に口にしている言葉です。しかし、アイデアとは？　きっと説明できる人は少ないでしょう。ところが、毎日の仕事で、掃除や料理などの家事で、友達や家族との会話で、ほとんどの人が日常的にちょっとしたアイデアを生み出しているのではないでしょうか。

アイデアについて書かれたものを見ると、その基本的な定義はほとんど同じです。個人の内的な蓄積から突発的に出てくる「着想」「発想」がアイデアだというものです。アイデアがそのようなものだとして、アイデアを出す技術のようなものがあるのでしょうか？

アイデアとは？

アイデアに関するバイブルとして、アメリカで1940年に出版され、半世紀を越えて親しまれ、ロングセラーとなっているジェームス・W・ヤングの『アイデアのつ＊

＊『アイデアのつくり方』
著者ジェームス・W・ヤングは、アメリカの広告業界の重鎮として活躍した人。『アイデアのつくり方』（阪急コミュニケーションズ）は、シカゴ大学のビジネススクールの講演をもとにしたもので、内容と文章のタッチは創造性にあふれ、誰でも読み込めるわかりやすさを備えています。

A＋B＝C

A	B	C
既存の要素	既存の要素	新しいアイデア

くり方』（邦訳1988年、同様にロングセラー）では、アイデアをつくり出す原理を次のように定義しています。

アイデアとは既存の要素の新しい組み合わせである。

この原理があてはまる日本発のわかりやすいアイデアを二つ紹介しましょう。

一つは「折る刃式カッターナイフ」*です。昭和20〜30年代、印刷所では、紙を切るのにナイフ、カミソリの刃等を使っていましたが、すぐに切り口が傷み、切れなくなっていました。ナイフ自体を廃棄するため、コストもかさみます。そこで頭に浮かんだのが、「昔の職人がガラスの破片でモノを切っていた」ということと、進駐軍が配った「板チョコ」です。そのまったく異なる二つを組み合わせて、板チョコのように折れるカミソリの刃というアイデアが生まれ、昭和31年、世界初の「折る刃式カッターナイフ」が完成しました。

もう一つは日本人おなじみの「あんぱん」です。江戸城が無血開城した翌年の1869年に日本初のパン屋が開店しました。ところが創業当時まだ日本ではパンが普及していませんでした。何とか日本人の嗜好に合うパンができないか。そこで西洋

＊「折る刃カッターナイフ」

アイデアの素晴らしさに加えて、自然には折れない切り込みの入れ方や折れ線の角度の開発秘話や、商品として認められ事業が軌道に乗るまでの苦労談もとても興味深い。折れ線の角度は、現在、世界標準となっています。（出典：オルファ株式会社ウェブサイト）

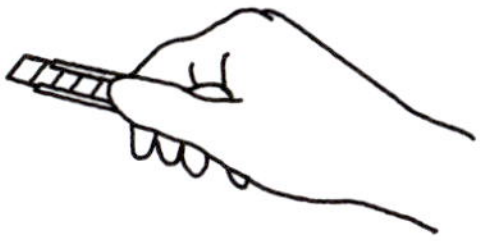

のパン生地で日本の和菓子の餡を包む「あんぱん」*の開発に着手しました。そのとき着目したのがパンを発酵させる酵母です。西洋のイースト菌ではなく、米文化の日本独特の発酵種「酒種」を使おうと考えたのです。酒種をパン酵母として使えるように改良を重ね、とうとう餡と相性のよいパン生地を完成させ、明治7年に西洋の食文化と日本の食文化を融合させたあんぱんが誕生しました。これは「菓子パン」という日本独特の食文化の始まりでもありました。

アイデアを出す方法

ヤングは、アイデアのつくり方について、その原理は簡単だが、方法はひどくやっかいなので実践する人が少ないだろうと書いています。その方法の要約を紹介します。

1. 資料を集める。まず対象となる物事に関するもの。次に、世の中のすべてを対象としたあらゆる知識（おそらく一生を通じての収集）。この2種類を集める。
2. 資料を咀嚼する。飽きるほど咀嚼し、時々思い付いたことがあれば必ずメモする。
3. もうお手上げだという状態になったら、放置する。とはいえ、心のどこかではふ

＊あんぱん、そして…

あんぱんと同様に、酒種生地のパンで生み出されたもう一つの発明がジャムパンです。製菓会社とともに戦時食糧の研究に従事していたときに、ビスケットにジャムを挟んで焼く様子を見て発想したアイデアだそう。ジャムパンは当時、あんぱんと同様に大変な評判を呼んだようです。（出典：木村屋總本店ウェブサイト）

つふつと発酵しているので、そのままに任せる。そして映画や音楽などの趣味、家事など、まったく関係のない想像力を刺激してくれる物事を行う。

4．ここまでやり遂げたら、アイデアが突然〝降って〟くるのは確実。そのタイミングは、気を抜いているときである。

5．最後は、それを世に出す。理解ある人の批判にさらし、検証し、育てていく。

アイデアを出す行為は料理に似ています。頭の中に、アイデアを生み出す鍋があるとイメージしてください。その鍋の中に入れるのは手に入れた材料（一次情報・二次情報）、そして自分ならではのスープストック（0次情報）。適切な、いい材料を下ごしらえして鍋につっこむ（1．収集）。かき回し、煮込む（2．咀嚼）。時にはしばらく寝かせて味をなじませる（3．放置）。材料が融合してひとつの料理が生まれる（4．降臨）。味見をして、いろいろな人に食べてもらい、改良を加える（5．検証）。

ここからアイデアを生み出す大切なポイントが3つ見えてきます。

一つは優れた材料（一次情報・二次情報）を集め、上手に下ごしらえする必要があること。現場を歩き、声を聞き、情報を整理して、チームで共有するプロセスです。ここでの作業に手抜きがあると、質の劣る材料を使うことになってしまいます。

二つめは、味のベースとなるオリジナルのスープストック＝0次情報*が必要だということです。「0次情報」とは、過去からの蓄積によって自分の脳に詰まっている無数の「記憶情報」を指します。折る刃式カッターを開発した研究者が偶然に思い出した「進駐軍のチョコレート」という記憶は0次情報です。また、あんぱんでは「酒種」がそれにあたります。アイデアを出すための付け焼刃の知識では決して出てこない、普段の生活や仕事の中で記憶されていた知見です。

優れたアイデアを生み出すためには、普段からの蓄積が欠かせません。こう書いてしまうと、蓄積できていない人はどうするんだ？　と考えてしまう人がいるかもしれません。それは大丈夫です。そもそも蓄積されていない人はいません。さらに、ソーシャルデザインとはチーム作業です。多様なメンバーが集まることで、お互いの0次情報を補完できます。アイデアを生む作業も、一人で格闘するのではなくチームで取り組むことができる点が、ソーシャルデザインの特長の一つでもあります。

最後に、アイデアを生みだすことも料理同様に基本を学び、練習と実践を繰り返すことで、だれでも上達する余地が多いにあるということです。味音痴の人でも、他人任せにしないでつくる、味わうを繰り返していけば、ある程度のレベルまでスキルを高めることができるはずです。

＊0次情報
東京経済大学の関沢英彦教授の造語
詳細は関沢英彦著『調べる力』（アスカ・エフ・プロダクツ）を参照。

アイデア豊富な人とは、仕事や日々の暮らしのちょっとしたことにも、自分の持つ知識を活かし、工夫を繰り返している人です。日常生活の中でいろいろなものを見聞きして、アイデアを生み出すことを日々の習慣にしましょう。

型とトレーニング

「アイデアを発想するために必要なのは、『型とトレーニング』だ」。これは博報堂生活総合研究所所長・嶋本達嗣氏の言葉です。これを聞いたときに、すごくほっとしたことを覚えています。

アイデアを出すというのは、クリエイティブな能力に恵まれた、一部の特別な人にしかできないすごく難しいことのように思えます。しかし、包丁の使い方から始めて順々に技術を学び、実践によって料理の技術を自分のものにしていくように、スポーツの上達のために、基本のテクニックを身につけてトレーニングを重ねるように、型を学び、トレーニングすればアイデアを出せるようになると聞いて、それなら自分にもできると思ったのです。料理やスポーツのように、アイデアを出すことに際立った才能を持つ人はいるでしょう。料理やスポーツとは違って、その才能を目に見えるかたちで示すことができない、評価する基準もない点が、難しいことは事実です。しかし、だれもができるようになることは間違いありません。

ここでは、ソーシャルデザインにおいて、アイデアを発想するために身につけるべき4つの型を紹介します。

基本の型 ―ブレインストーミング―

ソーシャルデザインのアイデア出しの基本の型が「ブレインストーミング」です。略して「ブレスト」と呼ばれ、多くの方になじみがあるものではないでしょうか。ソーシャルデザインに限らず、どの分野でもアイデアを出すための発想法として広く使われており、もっとも汎用性の高い基本的な方法でしょう。ワークショップでもよく使われます。ブレストはチーム作業です。ソーシャルデザインは一緒にプロジェクトを進める仲間が必要であり、必ずチームで行うことになります。仲間とともにチームでアイデアを出しましょう。

ブレストはアメリカの広告会社ＢＢＤＯの副社長だったアレックス・Ｆ・オズボーンが１９４０〜５０年頃に考案しました。自由に、集団で発想する方法で、準備も道具もそれほど必要なく、紙とペンがあれば楽に行えるので、世界中で行われています。行うときに前提となるわずかなルールがあるだけです。そのルールを守りながら、お題（プロジェクトイシュー）をもとに、紙や付箋1枚に一つずつアイデアをどんどん書き出していくというシンプルな方法です。

写真　ブレインストーミング風景

「心の健康」と「生活習慣病」をテーマに、神戸で開催したワークショップの様子。個人でじっくり考えた後に、専門分野が異なる幅広い世代の仲間とともにアイデアを広げていきました。

質より量を出すことが目的

ブレストを行うにあたって、次の4つのルールがあります。まず、これをみんなで共有しましょう。

ルール1　質より量
ルール2　判断延期、批判禁止
ルール3　自由奔放・非現実的・突飛さ歓迎
ルール4　組み合わせ・改善・便乗歓迎

この中で特に意識してほしいのが「質より量」です。とにかく、量を出します。量を出したほうがいいのは、量を出せば質の良いアイデアが一つくらいあるかもしれない、という確率論的なもの以外に3つ理由があります。以下を参考に、互いの意見を尊重し、「質より量」を意識しながら、アイデアを出してみてください。

【0次情報の誘発】
まず、自分の頭の中の「0次情報（記憶情報）」を引き出すためです。ブレストの初期段階では、データ収集やインタビューで集めた情報、最近気になったことなど、記憶の表層にある情報に基づいたアイデアが出てきます。もちろん、この中にも優れ

たアイデアの材料はあるでしょう。しかし、そう簡単にはいきません。ヤングのアイデアを出す原理である「異要素の組み合わせ」には、なかなか至りません。そのため、自分の頭の引き出しの奥深くに格納されている0次情報、つまり「今回のプロジェクトとはまったく違う体験による情報」を引き出してくる必要があります。不思議なことに、無理やり量を出していくと、ある情報が他の情報の呼び水になるような作用が頭の中で起きます。そのために、一人ひとりが無理やり量を出す必要があるのです。

【組み合わせの数】

量を出せば出すほど、必然的に新しい組み合わせを発見できるチャンスが増えます。そのアイデア自体は平凡に感じられても、他の情報と結びつくことでまったく新しいアイデアになるかもしれません。「もうおもしろいアイデアなんて出ないよ」、そんな言葉をよく聞きます。それでいいのです。何でもいいので、出し続けましょう。

【頭脳のチーム化】

アイデアは、最終的には自分のものではなくチームのものになるのです。自分が出した平凡なアイデアに刺激を受けて、他のメンバーから新しいアイデアが生まれるかもしれません。個々の記憶情報が連鎖することによって、チーム総体は大きな広がりの0次情報を手にしていることになります。チームでひとつの頭脳を持っているイメージを持ちましょう。他の人のアイデアを聞いたら、それを素材の一つとして自分の頭の中に放り込むイメージを持つといいようです。

ブレストで生まれるアイデアは、最終的なアイデアの素材となります。ですから、そのアイデアの実現性を指摘して批判したり、良し悪しをその場で言うことには意味がありません（ルール2）。あるメンバーの非常識なアイデアが他のメンバーの常識的アイデアと結びついて、実現可能なアイデアに化けるかもしれないのです（ルール3）。他のメンバーのアイデアとの組み合わせ、改善、便乗は大歓迎です（ルール4）。

その他の留意点は次のとおりです。

・最適な人数は4～5人。それ以下だと停滞することが多く、それ以上だと発言する人、しない人の偏りが生じるようです。

・付箋などの用紙1枚に1アイデアを書きます。付箋には視認性を高めるために太いペンで最大20文字程度で書きましょう。細い文字は他のメンバーが読みにくく、アイデアの連鎖が生まれにくくなります。

・アイデアをわかりやすく伝えるために、ちょっとした絵、記号、図などは大歓迎です。自分や仲間のアイデア出しの刺激になります。

写真　付箋の使い方

「生活習慣病」対策のアイデア。簡単な絵を描くことでイメージを仲間と共有しやすくなり、発想が広がります。

立地＝プロジェクトイシューを大切にする

ソーシャルデザインのプロジェクトでブレストをするとき、事前に一つだけ、全員で共有したい約束事があります。チームが取り組むことに決めたプロジェクトイシューを常に真ん中に置いて、アイデアを発想しましょう。

大きな社会課題の中から、自分たちに課す課題＝プロジェクトイシューを選ぶということの重要性は第4章で述べました。アイデア出しはできる限り制約をなくして、自由奔放に取り組むべき作業ですが、その中で唯一の前提がプロジェクトイシューです。

たとえば、川を渡るための道をつくることを決めたとします。その道は橋かもしれませんし、渡し船かもしれません。あるいはロープ、ジャンプ台、高い竹馬、一人へリコプター、浮かぶ靴、異次元ドアかもしれません。アイデアは無制限です。しかし、その「川を渡る」というイシューを離れて、川から水を引く水路や川沿いのリゾートのアイデアを考えないようにしましょう。課題を絞り込むという大切なプロセスが無になってしまいます。そんなアイデアが自分や仲間から出たときは、そのアイデア自体を批判するのではなく（他のアイデアと結びついて、化けるかもしれません）、プロジェクトイシューの再確認を促して、すみやかに軌道修正しましょう。

連携プレーで突破する

ブレストはだれにでもできるシンプルで強力な発想法ですが、「やっぱりいいアイデアが出なかった」という声も挙がります。

理由はいろいろと考えられます。もっともよくあるのが、プロジェクトイシューの絞り込みが十分でないことです（第4章　立地を選ぶ）。プロジェクトイシューはブレインストーミングで参加者が発想をジャンプさせるための土台でもあります。土台がしっかりしていないと、参加者がうまく跳ぶことができません。

もう一つ考えられるのは、参加者の多様性が不足していることです。チーム内部だけではなく、課題に対する社会的知見を持っている人、その課題に実際に直面している人、企画やアイデアづくりが好きで得意な人などの参加を仰ぐことで、場がレベルアップして発言の質的向上が見込まれます。

ブレインストーミングは、1本のパスで突破してゴールするのではなく、パスをつなぎながら意外性のある連携プレーによってゴールを目指すようなものです。参加者それぞれが高いモチベーションで臨み、チームとして一体感を持ち、高揚した雰囲気をつくり出すことも大切です。

ソーシャルデザインのための3つの型

ブレインストーミングをベースにした、ソーシャルデザインのためのアイデア出しの型を3つ紹介します。いずれの型も既存要素の組み合わせを実現するために、アイデア出しに必要な素材を集め、掛け合わせ、アイデアを引き出していく方法です。

「現場」から発想する
「事例」から発想する
「接点」から発想する

「現場」から発想する

現場を歩き、声を聞いた結果（第1・2章）からアイデアをつくる方法です。現場を洗い直して解決の糸口をつかんでくる、いわば探偵が推理するようなイメージを持つといいでしょう。この方法はアブダクションと呼ばれる思考法に近いものです。

アブダクション（仮説推論）

ある前提となる事実からその事実を説明づける仮説を結論として導く推論の一つです。「地球は丸い」「地球には引力がある」「南米大陸とアフリカ大陸は一つだった」。こうした偉大な学者による世紀の大発見の多くが、この思考法による推論から導かれたと言われています。

また、シャーロック・ホームズ*の小説に出てくる推理もアブダクションの思考を用いていると言われています。シャーロック・ホームズシリーズの第1作『緋色の研究』で、ホームズは助手のワトスンに最初に出会った際に、「アフガニスタンに行っていましたね」と推理しています。これは、彼が事前に知っていた情報とワトスンの外見＝事実から、次のように推理をしたと考えられます。

糸口　①ワトスンが軍医であるという事前情報
　　　②ワトスンは日に焼けていて、負傷しているという観察事実
　　　③イギリス軍の海外の出兵地域に関する知識

推理（仮説）　彼の赴任先は、熱帯（日焼け）であり最近大きな戦争があった（負傷の原因）アフガニスタンではないか？

＊シャーロック・ホームズと仮説推論
内井惣七『シャーロック・ホームズの推理学』（講談社現代新書）は、シャーロック・ホームズの作品をモチーフに論理学の世界へ誘ってくれる名著。

ソーシャルデザインでは、アブダクションの考え方を応用し、集めた情報から解決の糸口を見出し、「もし○○であれば、○○が可能ではないか？」と推理します（仮説をたてる）。この推理がアイデアの発想にたいへん役立ちます。次が過去のプロジェクトで、アブダクションから生まれたアイデアの一例です。

イシュー　「ストレスあふれる現代社会を生きる若者の精神疾患・自殺を防ぐために、何が可能か」

糸口　①自殺者は平均4つの原因の積み重ねで死に至る。
②うつ病は、日常生活のストレスの蓄積でだれもが罹りうる。
③結婚・出産などポジティブなことでも、変化はストレスにつながる。

推理（仮説）　致命的な量のストレスが蓄積する前の初期段階で、適切な対応を促すことができれば、うつ病や自殺者予備群を救えるのではないか？

アイデア　自分を襲うストレス、その蓄積量と危険性を気軽に自己診断でき、対処方法を示唆してくれるうつ病予備群向けサービス

もし［　　　　］であれば、

［　　　　］が可能ではないか？

イシュー　「ボランティアの復興支援の活動を円滑にするために、何が可能か」
糸口　①多くの復興ボランテイアが自分が何をすべきかわからなかった。
②被災者もボランテイアのスキルがわからず、お願いできなかった。
③指示待ちボランテイアが大量に発生し、現場が混乱した。
推理（仮説）　ボランティアのスキルがだれからもひと目でわかれば、混乱を防ぐことができるのでは？
アイデア　ボランティアのスキルがひと目で周囲に伝わるゼッケン

イシュー　「中高年男性に運動習慣を定着させるために、何が可能か」
糸口　①運動できない理由の第一位は「忙しい。時間がない」
②家族、特に娘の一言はきく。やる気がでる。
推理（仮説）　家族からのプレッシャーが常にあれば、運動を続けられるのでは？
アイデア　娘が父にプレゼントする体型がひと目でわかる室内着

アブダクションはソーシャルデザインのもっとも大切なアイデア出しの型です。現場を歩き、話を聞きながら、仮説を推理することを日頃から習慣にしていきましょう。

【基本プロセス】

アブダクションによるアイデア発想のプロセスは次の通りです。

1. 取り組むプロジェクトイシューを紙に記述します。常に意識できるように、紙の中心に大きく書きましょう。

2. チーム全員が集めたデータ共有シート、観察シート、声の付箋を用意します。そのシートをじっくり見直して、解決の糸口になりそうな（参考になりそう！　印象に残る！　何だか気になる？）ものを選び、プロジェクトイシューの下に配置していきます。（黄色の付箋）

3. 選んだデータ・観察結果・声に基づいて、あなたの仮説（もし○○であれば、○○が可能ではないのか？）を異なる色の付箋に記述して、データ・観察結果・声の下に貼ります。（緑色の付箋）

4. 生まれた仮説に対して、それを実行するために必要なモノ、サービス、空間、情報、仕組み・プログラムのアイデアを出して、3列目に貼ります。仮説、アイデアがなかなか生まれないデータ・観察結果・声はあきらめて、他のデータ・観察結果・声を選び直して活用しましょう。（ピンク色の付箋）

写真　「現場」から発想するプロセス
テーマは「認知症の早期発見」。3色の付箋を活用して、アイデアを発想しました。

「事例」から発想する

世の中の優れた事例を活用して、アイデアを出す方法です。

ソーシャルデザインのアイデアは「社会の中で使ってもらう」ためのものです。成功事例は使ってもらうことができた実例です。どんどん参考にしましょう。アイデアを出すときに、「似たものにならないか？ 真似にならないか？」を気にする必要はありません。真似するというより、先例のいいところを素直に感じ取り、刺激剤にするのです。また、逆に惜しいなと思う事例は、改善してよりよいものにしてしまいましょう。事例の活用の仕方は2種類あります。

イミテーション（模倣）

真似ることはあまり好ましくない行為にとられる傾向があります。しかし、模倣が創造の母だということについて、学問の世界でも十分に研究・立証されています。他者の優れた行動に敬意を表して、どんどん自分のアイデアに取り入れましょう。

他者がすでに実施しているデザイン（モノ、サービス、空間、情報、仕組み、プログラム）の優れた部分を取り入れて、あなたのプロジェクトに応用する方法がイミテー

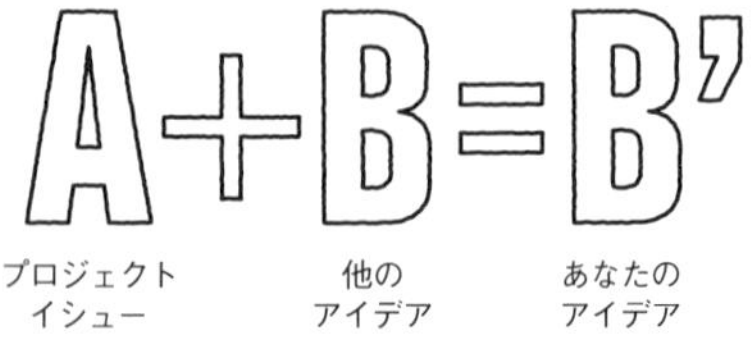

ションです。そっくりそのまま模倣しても、絶対にうまくいきません。地域性やターゲット住民に合わせてアレンジし、さらに他のアイデアを掛け合わせることで、あなたのオリジナルなアイデアにレベルアップさせることに挑戦しましょう。

アナロジー（類推）

アナロジーとは、異なる領域の事例を参考に、あなたのプロジェクトイシューの解決アイデアをつくり出す方法です。イミテーションの応用ともいえます。アナロジーはごく身近にある考え方で、一般的な言葉では「たとえ」がそれにあたります。「まちづくりワークショップ」のような「認知症セラピー」、「救急医療のトリアージタグ」のような「ゴミ分別システム」、「鬼ごっこ遊び」のような「防災訓練」、「冬山登山靴」のような「介護グッズ」というように、他の分野で使われている事例にたとえることで、あなたのプロジェクトイシューを解決するアイデアを発想します。

イミテーションとアナロジーは、他の事例からアイデアを考えるという点では似ています。イミテーションは事例の一部分を、アナロジーは事例のエッセンスを参考にしてアイデアを出すところが違いです。

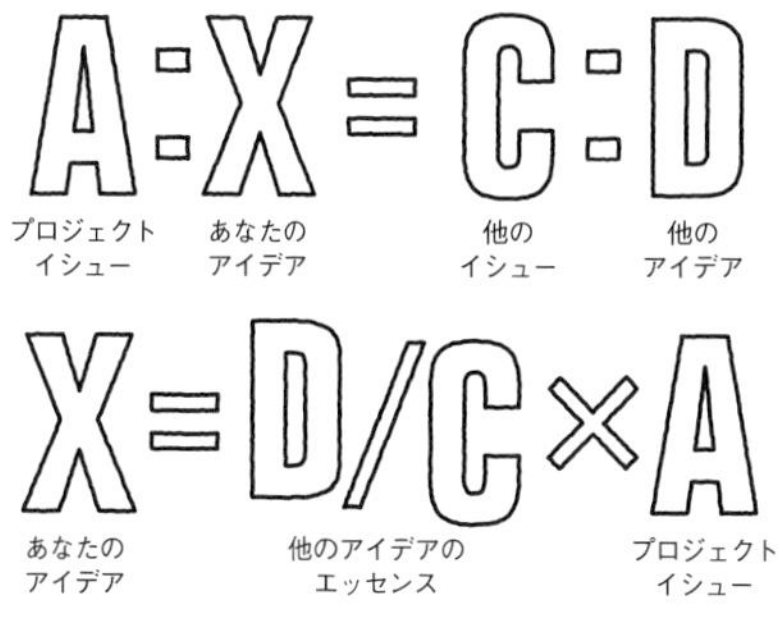

【基本プロセス】

1. メンバー各自が、新聞、雑誌、インターネットなどから、課題の解決策の先行事例を探します。事例はプロジェクトと同じ社会課題領域のものを中心に、目に留まった他の領域のもの、他のプロジェクトで集めたものも活用しましょう。
2. 集めた事例はタイトルと説明を書き、画像を添えて事例シートをつくります。
3. チームメンバー全員の事例シートを共有し、それぞれが気になった（参考になりそう！　おもしろそう！　何だか気になる！）事例を選びます。
4. 各事例の気になったポイントに印をつけて、気になった理由（共感できたアイデアのエッセンス）を付箋に記述して、2列目に貼ります。（緑色の付箋）
5. 気になった理由（緑色の付箋）をベースに、プロジェクトイシューの解決につながるアイデアを発想し、3列目に貼ります。アイデアが生まれない事例はあきらめて、他の事例に進みましょう。（ピンク色の付箋）←アナロジー的発想
6. 一通り発想し終えたら、すべての事例シートを並べ、印がついている気になったポイントを参考に、あなたのプロジェクトイシューにつながるアイデアを考えます。（ピンク色の付箋）←イミテーション的発想

地域を変えるキーデザイン30

拙著『地域を変えるデザイン』（英治出版）の第二部で紹介している、全国各地のさまざまな社会課題の解決事例も活用できます。

事例シート（テーマ：まちづくり）No. 25

事例名
市民によるまちなか活動
「フクノワ」

概要（図表と簡単な文章でまとめましょう。）
福山の未来づくりワークショップの参加者を中心にまちなか活動を実施。空き店舗を活用した「まちかどの聞き屋さん」やまちなかの映画館について考える「はらっぱ」、商店街にベンチを出すことで、お店とお客の語らいの場を生み出す「しゃべって、あったまローズ」などユニークな活動を行なっている。

運営団体：studio-L
出典：http://kodomo-machi.sblo.jp/article/61993718.html
（作成者：筧 裕介）

写真　事例シートの作成例
「まちづくり」がテーマの事例シート。

写真　「事例」から発想するプロセス

テーマは「認知症の予防とその継続」。認知症に限らず、「まちづくり」「生活習慣病」「育児」などのさまざまなテーマの事例を使用し、発想を広げていきました。

「接点」から発想する

世の中にあるモノ・コトとプロジェクトイシューを関連づけてアイデアを出す方法です。解決策を考えるとき、テーマが社会課題であるがゆえに発想が不自由になりがちです。しかし、人は24時間365日さまざまなものに接しています。それらのごく日常的なモノ・コトを社会課題と結びつけることによって、異種交配的な効果をねらいます。森の住民が日常的に接しているものを強制的に設定することによって気づきをもたらし、アイデアを誘発します。

この方法でも先ほど登場したアナロジーとイミテーションの考え方を活用します。たとえば駅前に地元の人で賑わう回転寿司があったとしましょう。ここから、一人暮らしの孤独な高齢者が自然と交流できる新しいタイプの「回転寿司」というアイデアが発想できます。これは「回転寿司」というすでに世の中にあるアイデアをイミテーションし、あなたなりのアイデアを加えたものになります。また「回転寿司」のように、いろいろなものが回ってくる「介護施設」というアイデアも発想できます。これは「○○のように」ですから、アナロジーです。この二つの考え方で、世の中にあるさまざまなモノ・コトを活用して、アイデアを出していきましょう。

【基本プロセス】

1．課題に直面している森の住民一人の具体的な生活像＝「ペルソナ」（次項参照）を描きます。

2．その人が毎日の生活で接しているアイテム（モノ、空間、サービスなど）をできるだけ多く書き出します。平日、休日それぞれの起床から就寝までを想像し、可能であれば、ペルソナの生活を自分で再現すべく、家の中、施設の中、街中を歩いてみると、具体性を持って多くのものを発見できます。この際に、一見ターゲットと関係がなさそうなアイテムでも、気になったもの、アイデア出しの参考になりそうなものは書いておきましょう。（黄色の付箋）

4．各接点（アイテム）をそのまま活用する（例 高齢者が交流できる「回転寿司」）、もしくはそのエッセンスを活用する（例「回転寿司」のような高齢者介護施設）、いずれかの方法で、あなたの課題解決につながるモノ、サービス、空間、情報、仕組み・プログラムのアイデアを考え、接点の下に書き出してください。（ピンク色の付箋）

5．アイデアが生まれない接点は飛ばして、別のものからどんどんアイデアを出していきましょう。

ペルソナをつくる

ペルソナ（persona）は、personの語源となったラテン語です。古代演劇で人格を演じる仮面をペルソナと呼んだことから、人が人生で演じる役割、さらに人格の意味の言葉に転じたと言われています。

「ペルソナ法」を開発したアラン・クーパーはインタラクションデザインの世界的な権威です。クーパーは、あるプログラムを開発中に重要な示唆を与えてくれる女性に出会い、常に「その人ならどうだろうか」「その人は何を欲しがるだろうか」と考えながら開発を行うようになりました。そしてついに、その女性の人物像の要約をつくり、開発と検証を進めるようになりました。それが「ペルソナ法」です。

「接点から発想する」ために、ペルソナをつくりましょう。キーパーソンの情報などを参考に、あなたのプロジェクトイシューのメインターゲットとなる住民を1名想像します。そして、その人の性別・年齢・居住地・家族構成から、課題を抱えた生活の実態まで、できるだけ具体的に描きましょう。仮の写真や似顔絵、生活風景のイラストも掲載します。なお、ペルソナは、あくまで象徴的な人物にしなければなりません。実際の一個人を意識し過ぎると、アイデアが限定されます。現実に対して忠実につくるのではなく、設定に対して具体的に細かく描くことで効果的なペルソナになります。

図「接点」から発想するプロセス

テーマは「無縁社会」。高齢者の生活を観察し、接点となりそうなものを付箋に書き出し、アイデアを広げていきました。

アイデアを統合・検証する

　3つの型にトライした後、アイデアを出し切ったと感じたら、それらを整理していきましょう。現在は、思い付きレベルのものからある程度洗練されたものまで、質の異なるアイデアが混在している状態です。アイデアとは既存要素の組み合わせです。アイデア同士の組み合わせもそれに当たります。チームが一つとなって出し合った複数のアイデアを組み合わせることで、実行に移せる可能性がある骨太なアイデアに昇華させていきましょう。

　アイデアを統合・検証して、最終的な一つのアイデアに仕上げていくために、次の4つのステップを踏みます。

ステップ1　アイデアを評価する
ステップ2　アイデアを統合する
ステップ3　アイデアを検証する
ステップ4　4Bで最終確認する

ステップ1　アイデアを評価する

ＰＭＩと呼ばれる方法をアレンジした評価方法を活用して、アイデアを評価しましょう。通常のＰＭＩ法とは、よい、悪い、興味深いの３つの視点からアイデアの評価ポイントを文章で記述していく方法です。僕らのプロジェクトでは2色のシールや小さな付箋を用います。チームメンバー全員ですべてのアイデアを振り返り、青が「よい＝plus」、赤が「興味深い＝interesting」、2種類のシールを貼っていきます。「よい＝plus」アイデアだけでなく、「興味深い＝interesting」アイデアは、今後アイデアを発展させたり、ブラッシュアップしていくための重要なヒントとなります。

ステップ2　アイデアを統合する

すべてのアイデアに対するチームメンバーの評価が模造紙上で可視化できる状態になりました。次に、このアイデア同士を結びつけて一つのストーリーにすることで、一段階上のアイデアに発展させます。その際にはストーリーシート（Ｐ２０１）活用すると便利です。

写真　アイデアを評価
無縁社会がテーマのアイデアを2色のシールで評価。

1. プロジェクトイシュー解決の可能性を感じるコアアイデアを一つ選びます。

2. そのアイデアに、ひと工夫を加えられるサブアイデアを選んで加えます。このときに、「興味深い（赤）」アイデアが役立ちます。単体としてはいまひとつでも、他のアイデアをひきたててくれる名脇役的なものがあるはずです。

3. 集まったアイデアを整理して、一つの物語をつくります。主人公（ペルソナ）を想定して、その人が、いつ、どこで、どんなサービス・モノ・仕組みを利用したのかという流れがわかるように時系列を意識して、アイデアを加筆・修正してください。

4. 最後に、物語のタイトルをつけます。

この方法を通じて、二つの点でアイデアをブラッシュアップすることができます。一つは他のアイデアの力を借りることです。単独では弱かったものが、他のアイデアの力で光り輝くことがよくあります。いろいろなアイデアに助けてもらいましょう。また、ストーリーにすることで、曖昧な要素、不足している要素、非現実的な要素がわかります。要素を補い、アイデアを具体化していきましょう。

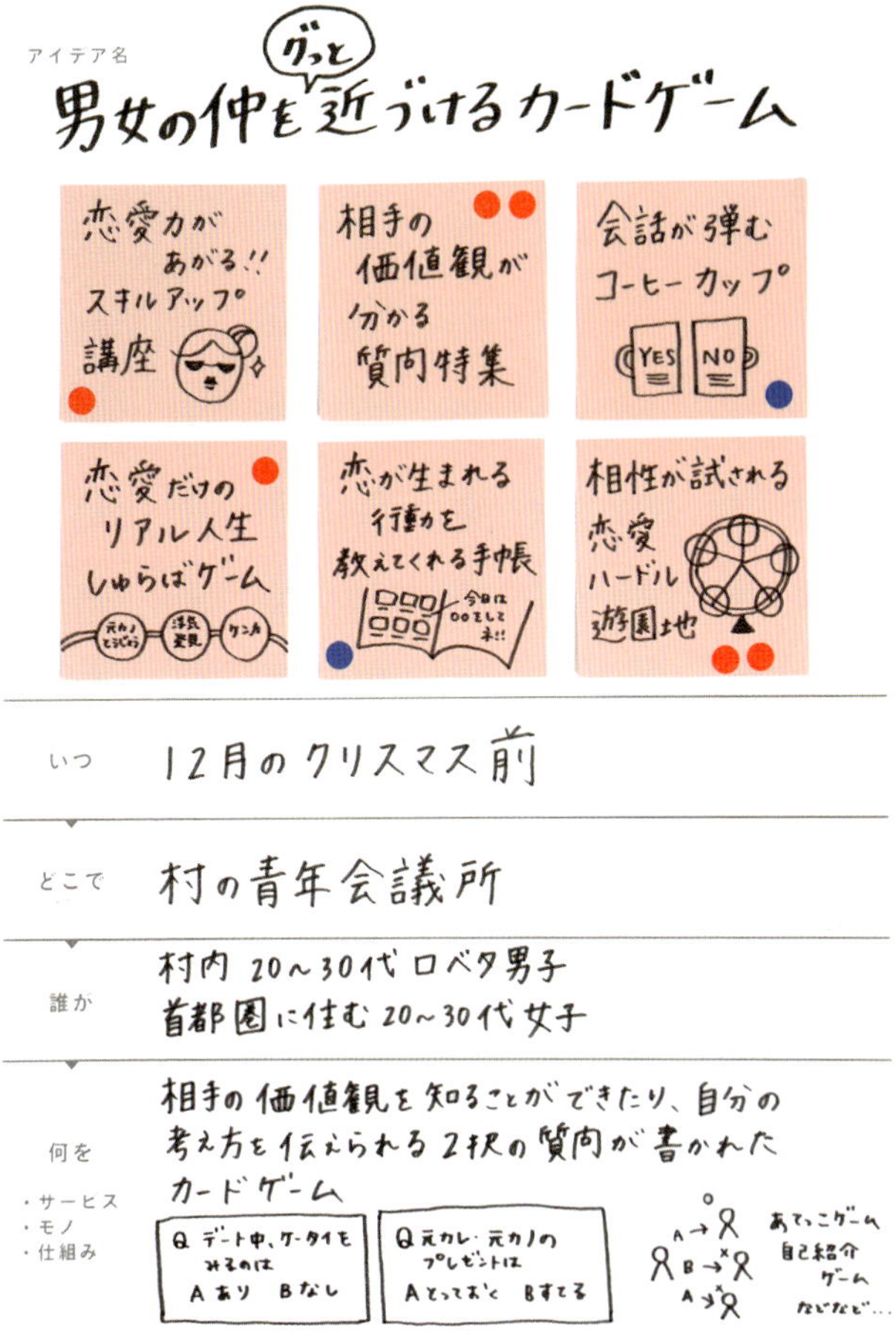

男女の仲をグッと近づけるカードゲーム

- 恋愛力があがる!! スキルアップ講座

- 相手の価値観が分かる質問特集

- 会話が弾むコーヒーカップ

- 恋愛だけのリアル人生しゅらばゲーム

- 恋が生まれる行動を教えてくれる手帳

- 相性が試される恋愛ハードル遊園地

いつ	12月のクリスマス前
どこで	村の青年会議所
誰が	村内 20〜30代 ロベタ男子 首都圏に住む 20〜30代 女子
何を ・サービス ・モノ ・仕組み	相手の価値観を知ることができたり、自分の考え方を伝えられる2択の質問が書かれたカードゲーム Q デート中、ケータイをみるのは A あり B なし Q 元カレ・元カノのプレゼントは A とっておく B すてる あてっこゲーム、自己紹介ゲームなどなど…

図 日本婚活会議のストーリーシート

元々はカードゲーム単体のアイデアでした。しかし、ストーリーシートに落とすことで、場の必要性が見え、ワークショッププログラムのアイデアに進化しました。

ステップ3　アイデアを検証する

いくつかアイデアが生まれたならば、プロジェクトイシューの見極めと同様に、次の視点でアイデアを検証しましょう。

プロジェクトイシューを解決できるアイデアか？

もう一度プロジェクトイシューを確認しましょう。アイデアを出している段階で当初のものから少しずれてきていることがあります。優れたアイデアが出たことで、プロジェクトイシューが変わること自体は悪いことではありません。その場合はもう一度文章にして、検証しましょう（Ｐ１２２）。そのうえでプロジェクトイシューが条件を満たしていれば問題ありません。具体的なアイデアを経て、プロジェクトイシューが変化し、結果としてその質が向上するのはよくあることです。

住民の気持ちを動かすことができるアイデアか？

「孤独死」をテーマにしたプロジェクトでの話です。団地にこもり、近隣住民との関係性を絶っている高齢男性とのつながりをつくるためのアイデアを出していました。

「一人暮らしで食事が困るだろうから、料理教室をやろう」「近所の子どもと遊ぶ場をつくろう」、そんなアイデアが出ました。しかし、果たして孤独死に至る可能性がある高齢男性が料理教室に来るでしょうか。とてもそうは思えません。「何となくよさそう」「何となくやってくれそう」、そういう「何となく」のアイデアでは人は動きません。どこがどういいのかを考え、しっかり言葉にしましょう。ターゲット住民の生活実態と心の動きを想像し、本当に行動を促すことができるかを検証しましょう。

あなたの持つリソースでスモールスタートが可能か?

このアイデアが実現に至るまでの過程を見通してみましょう。あなたの描く理想的なゴールに至るまでには、ハードルがたくさんあるはずです。そのハードルはいずれ乗り越えなければなりません。しかし、現時点であなた及びチーム(所属する組織)が持つリソース(人、モノ、金、情報)の範囲内で、小さくスタートできるアイデアであることが大切です。小さく始められれば、ハードルも低くてすみます。

人、モノ、金などを大きく動かさなければ始められないような高いハードルがすぐ目の前にある場合は、アイデアの質とポテンシャル、実現可能性をしっかり検証しましょう。

ステップ4　4Bで最終確認する

アイデアが絞り込まれてきたら、最終決定まで少し時間をおきます。創造性が高まる4つの場所という意味で、飲み屋（Bar）、風呂（Bathroom）、乗り物（Bus）、寝床（Bed）の頭文字をとった「創造性の4B」という言葉があります。リラックスできる場所、緩やかな時間が流れる場所では思考力が働くといわれています。これまで緊張感ある作業に取り組んできました。ここでひと休みしましょう。リラックスして、緊張感がとれた状況で、アイデアを見直してみましょう。一晩寝てから考えてもいいですし、行きつけのカフェでぼんやりと、考えるでもなく考えるのもいいでしょう。散歩に出たり、大好きな趣味に取り組んでもいいでしょう。アイデアを検証するのではなく、アイデア自体を心の中に放り込み、「自分」の心の素直な反応を見てみるのです。

あなたと仲間が本当に「やりたい」と思うプロジェクトであることが大切です。アイデアの実現まではまだまだ長い道のりです。それを乗り切るために大切なのがみんなのモチベーションです。その大切な判断は疲れ切った頭、騒々しいオフィスでは難しいのです。

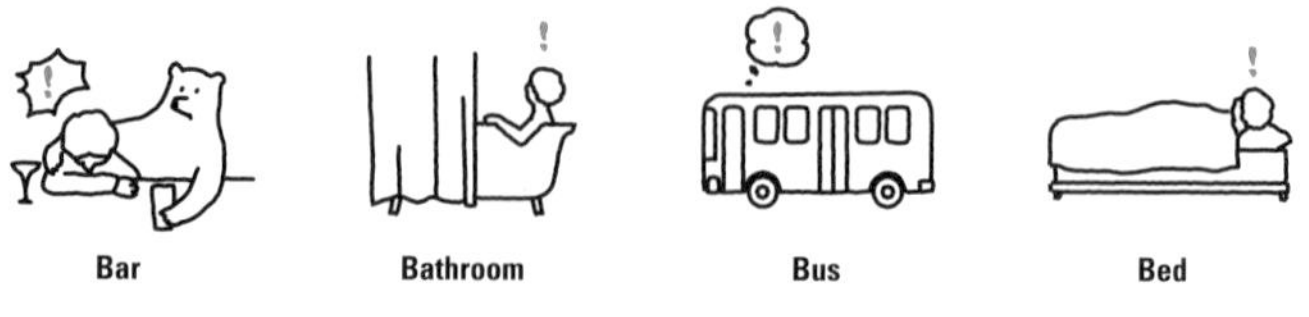

Journey 7

第7章 道をつくる

Journey 7

道をつくる

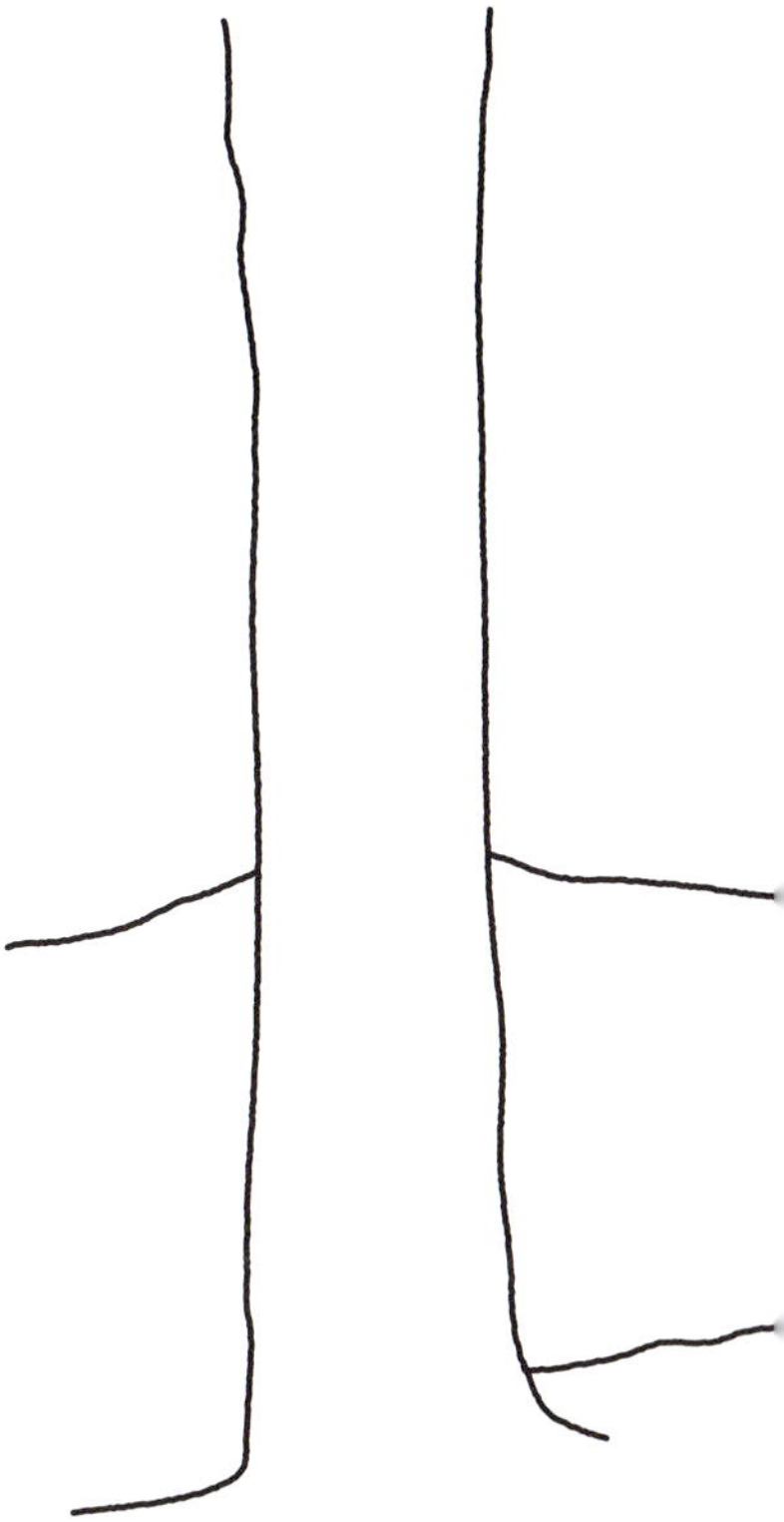

旅はついに最後の段階にはいり、
仲間たちと思い描いた道をつくるときがきました。
念入りに計画し、身体を動かし、住民や仲間と確かめあいながら、
一歩一歩アイデアをかたちにしていきます。
思い通りにいかないこと、変更しなければならないことも多いでしょう。
アクシデントも、トラブルさえも、みんなで楽しみながら進めましょう。

とにかく、つくる！ ―プロトタイピング―

「プロトタイプ」とは原型・試作品という意味で、「プロトタイピング」とは実用モデルを試作するプロセスまたはその手法のことです。特に新しい概念ではありませんが、近年デザインの世界では、アイデアはまずかたちにする、かたちにすることから始めるという、このプロトタイピングの考え方が注目を集めています。特に低精度（ローファイ）プロトタイピング、ラピッドプロトタイピングと呼ばれる、完成度が低い状態から、迅速につくり始めることの重要性が指摘されています。この考え方はソーシャルデザインの分野でも非常に有効です。

アイデアがある程度絞り込まれた後は、細かな部分について考え込んだり、詰めの作業にこだわるよりも、まずつくり始めましょう。商品デザインのようなわかりやすいかたちがない場合も同様です。つくり方や完成度にこだわらず、どんどんつくって、つくったものから問題点を見つけていくようにします。そして問題点を解消し、さらに精度の高いものにつくり直します。つくる、直す、つくる、直すを繰り返して、アイデアを実践的にかたちにしながら、アウトプットを完成させていきましょう。

プロトタイピングの有効性

アイデアの質を高める

アイデアの段階では、解決策はまだ「絵に描いた餅」です。漠然と頭の中にイメージはあります。むしろイメージは膨らんで、とてもいいものができそうな気がするはずです。ところが、現実的にはそのアイデアの質はまだまだ荒削りなものでしょう。

早めにつくり始める第一の理由は、つくりながら思考するためです。つくっているときは、考えながら手を動かしています。手を動かすことが創造性を高めることはよく知られています。つくることによって、頭の中で考えることとは別の創造性が働いて、アイデアが現実性を帯びながらよりよいものに変化していきます。

かたちの完成度を高める

「かたち」はアイデアを「有形」にしたものです。有形のものは、触れたり動かしたり、行為と結びつけることができます。アイデアが解決策として効果的なのか、使ってみて、試してみて検証することができます。ソーシャルデザインのアイデアは、家具や食器のように、機能が規定するベーシックなかたちのないことが多いのです。

写真　ラピッドプロトタイピング例
震災発生後の小学校体育館での避難生活のためのデザイン。24時間床で暮らす生活から解放するための避難所対応可能なモジュール式学校机。

つくることがもっともよい検証になり、つくることによって実現に向けての改善点が見つかり、進化していきます。

早めに失敗する

低精度の状態でつくっていろいろな人に試してもらうことで、早めに失敗することができます。たとえば、あなたのアイデアにかなり致命的な欠陥があったとしましょう。気づかないまま完成度を高めるための労力や資金を注ぐことは、後に大きなダメージとなります。早めに失敗すればやり直しがきくかもしれません。どんな分野のデザインでも、詳細を詰めて完成度を高める作業にはかなりの労力がかかります。

安宅和人氏は著書『イシューからはじめよ』[*]で次のように述べています。

「60%の完成度の分析を70%にするためにはそれまでの倍の時間がかかる。80%にするためにはさらに倍の時間がかかる。一方で、60%の完成度の状態で再度はじめから見直し、もう一度検証のサイクルを回すことで、80%の完成度にする半分の時間で80%を超える完成度に到達する」

ビジネスの世界の話ですが、まさにデザインの世界にも合致します。60%の完成度のものを何度もつくり、検証していくことが、労力と時間の節約につながるのです。

＊『イシューからはじめよ』
安宅和人著（英治出版）。価値のある仕事とは何かをテーマに、イシューを考えることから仕事を始めるノウハウを解説しています。

仲間をまきこむ

ソーシャルデザインでは、特にこれが重要です。プロトタイピングは、仲間をつくるプロセスでもあるのです。

あるワークショップで、シャッター街化している商店街で写真展をやろうというアイデアが生まれました。そこにどんな写真を貼るのか？　どうやって貼るのか？　商店主が了承してくれるのか？　検討事項が満載です。これらは、会議室で一つずつ詰めていくよりも、現場で試しながら具体化したほうが現実的です。商店街で実験していると、興味を持った近くの住民が出てきてくれました。「うちの2階の窓に貼るのはどうだ？」。おもしろがって、そんな提案をしてくれる人も。「隣のやつに言っておいてやるよ」「観光協会のパネルが使えるかも」。集まった人が、プロジェクトに必要な人を次々に巻き込んでくれました。

言葉だけであなたのアイデアを理解してもらうのは大変です。もちろん支援者を募るために、資料を準備してフォーマルなプレゼンテーションをするのも大切です。しかし、具体的なかたちがあると伝わる速度が違います。論理的に「わかる」ではなく、感覚的に「いいね」と思ってもらえると、共感の輪が広がり、プロジェクトが前進するのです。

3つのプロトタイピング

プロトタイピングには、言葉とイラストで表現するものから、実際に模型をつくるようなもの、役割を決めてロールプレイを演じてみるものまで、いろいろな方法があります。ここでは、3つの方法を紹介します。

【体験のプロトタイピング】

アウトプットの領域にかかわらず実施できるプロトタイピングです。あなたのアイデアが住民にもたらす体験を文章と絵で表現します。

【モノのプロトタイピング】

商品、空間、建築物、印刷物、ウェブサイトなど、目に見える、カタチがある対象を試作するプロトタイピングです。

【事業のプロトタイピング】

プロジェクトを持続可能なものにするために、お金の流れや事業モデルを練り上げるプロトタイピングです。

体験のプロトタイピング

あなたがこれからつくろうとしている道が森の住民の生活をどう変えるのか？　住民はどんな体験をするのか、それらの予測をストーリーに起こし、具体的な絵として描くことで、あなたのアイデアの効果や欠点を洗い出し、魅力を強化するプロトタイピングです。

まずは文章で「シナリオ」を描くことから始めます。この手法は、第6章で紹介したストーリー化の発展版です。第6章でアイデアを考え、ブラッシュアップするところからすでにプロトタイピングのプロセスは始まっていたのです。

「シナリオ」が書けたら、簡単なイラストをつかって、絵と言葉で住民の体験を四コマ漫画のような「ストーリーボード」で表現します。

アイデアを言葉とイラストで表現し、漠然と頭の中でイメージしていたものを可視化することで、アイデアの不足している部分が浮き彫りになってきます。不足部分を補い、魅力的なシナリオとストーリーボードができれば、あなたのアイデアは確実に進化しているでしょう。

シナリオとストーリーボードを試作する

体験のプロトタイピングは次の7つのステップで進めて行きます。

ステップ1　ペルソナ（P196）を設定する

あなたのアイデアのターゲット（プロジェクトイシューと関連が深い人、救いたい人）の人物像（ペルソナ）を描きましょう。ある一人の人物を設定し、その人の性別、年齢、居住地、家族構成、イシューを抱えた生活の実態（生活にどんなトラブルを抱えているのか、危険性があるのか）などを詳細に明らかにします。

ステップ2　ペルソナがアイデアと出会う

あなたのアイデアとペルソナの接点を考えましょう。このペルソナはあなたが考えているモノ、コト、サービスに、いつ、どこで、どんな出会い方をするのでしょうか？出会ったときに、どんな感情を抱き、何と言葉を発するでしょうか？　具体的なシーンを文章で記述してください。

ステップ3　ペルソナが行動する

ペルソナはアイデアのどんなところに共感し、どんな行動をとるのでしょうか？　その人の行動と感情を記述してください。決して強引にペルソナを動かしてはいけません。「この人ならどうするだろう」「こうなったら次はどうなるだろう」「その変化の後どうするだろう」と、仮説を連続させながら行動の流れをつくっていきます。

ステップ4　ペルソナの生活が変化する

その結果、ペルソナの行動や生活はどのように変わり、プロジェクトイシューはいかに解決されるのでしょうか？　アイデアがもたらす効果を詳細に記述してください。

ステップ5　コマ割りする

出会いから変化までの文章を5〜10個程度のコマに分割し、絵にすることを前提として文章化してください。コマ割りが完成したら、読み返して、筋が通らない部分、わかりにくい部分をブラッシュアップしましょう。このブラッシュアップの作業がアイデアを進化させます。検証するポイントは「行動」「感情」「生活の変化」です。この3つがしっかり描かれていることを確認しましょう。

ステップ6　各シーンを絵に描く

各シーンをスケッチ*にしましょう。左図のように、ロングショット（左図3、5）、ミディアムショット（同1、6、7、8）、肩越しショット（同2）、クローズアップ（同4）といくつかの距離で書き分けるのがポイントです。また、絵の得手不得手は問いません。細かく完成度が高いものを描くよりも、大きな流れとモノ・コト・サービスとペルソナとの関係性がわかることを重視します。

ステップ7　行動と感情を強調する

矢印や各種記号などを使って、重要な行動や感情を強調したり、目には見えないものを可視化するなどして、ストーリーをわかりやすくしましょう。

完成したストーリーボードを最初から最後まで読み返して、わかりにくい部分などをブラッシュアップしましょう。森の住民の体験を具体的に絵に表すことで、文章だけでは見つけられなかった問題点が見つかるはずです。そこを解消しながら、描き直していきましょう。

＊スケッチの方法

プロトタイピングのためのスケッチの方法に関しては、洋書 *Sketching User Experiences: The Workbook* を参照。

図　日本婚活会議のストーリーボード

知り合った男女が、お互いの価値観を共有するためのカードゲームとワークショップの様子を描いたもの。ストーリーにすることで、ワークショップの具体的なプログラムを精緻化することができ、アイデアの完成度が高まりました。

モノのプロトタイピング

プロトタイピングという言葉からすぐに連想するのは、粘土や発砲スチロールを使って、商品や空間の模型をつくることではないでしょうか。切ったり、削ったり、つなげたり、手を動かしてものづくりを試すプロトタイピングは楽しく創造的な行為です。専門的な技術や経験がなくても、簡単にできることがあるので、いろいろと試してみましょう。手を動かすことでアイデアを有形化していくと、頭で考えることとは違った創造性を実感できるので、あなたのデザインの世界がぐんと広がります。

スチレンボード、紙、粘土、木材など、いろいろな材料の加工でプロトタイピングが可能です。もっとも手軽にできるのが、段ボールの切り貼りです。

また、材料の調達に困ったとき、プロトタイピングのワークショップを開催するときに便利なのが、百円ショップです。手頃な値段でさまざまな素材や形状の材料が手に入るので、ラピッドプロトタイピングの際には重宝します。

プロトタイピングはつくる過程が大切なため、アウトプットの完成度にあまりとらわれず、素早くつくって、検証を繰り返しましょう。

写真　さまざまな素材のプロトタイプ

「子どもの放課後」の課題解決のワークショップから生まれたさまざまなプロトタイプ。掲示板、帽子とTシャツ、地図、母子手帳、カード、携帯ゲーム機などが試作されました。

デジタルプロトタイピングの可能性

近年、ものづくりの世界に革命が起きています。だれもがデジタル工作機器を使いながら、気軽に精密なプロトタイピング、小ロットの製品化ができる時代が到来しました。コップから火星探査機の部品までを簡単に出力してしまう3Dプリンター。木材やアクリル板を精密にカットできるレーザー加工機。これらを活用すれば、個人でも工業製品をたった1個から製造可能です。初期投資が必要なため参入障壁が高かったものづくりの世界ですが、インターネットの普及でハードルは格段に下がりました。ソーシャルなものづくりに取り組める可能性が飛躍的に高まったのです。

デジタル工作機器は値段が下がってきたとはいえ、まだまだ数十万円以上の高額商品で、簡単には手が届きません。しかし、近年は最新設備を備えた生活者向けワークスペースが各地にできています。マサチューセッツ工科大学・メディアラボから生まれたファブラボ*は、個人が必要なものを自らの力でつくりだす「パーソナル・ファブリケーション」をコンセプトにつくられた工房です。世界各地に設立されつつあり、鎌倉をはじめ日本各地にも続々と誕生しています。ファブラボに限らず、工作機器が設置されていて、指導員が常駐している工房スペースがある地域も多いので、そういう場所を活用するのも一つの方法です。

＊ファブラボ
さまざまなものをつくることを目的に、デジタルを含めた多様な工作機械を備えたものづくり工房。Fabは、Fabrication（ものづくり）とFabulous（楽しい・好ましい）という二つの単語の意味を含んでいます。創設者のマサチューセッツ工科大学・メディアラボが最初に設置したのは、ボストン（米国）の貧民層が住む地域と、インドの小さな集落だったといいます。ファブラボとパーソナルファブリケーションの詳細は、田中浩也著『FabLife』（オライリー・ジャパン）を参照。

写真　ファブラボ鎌倉（神奈川県）

２０１１年５月に筑波（茨城県）と並んで東アジアではじめて設立された公式ファブラボ。１２５年前の元酒蔵「結の蔵」と呼ばれている建物の中には多くの工作機器が並び、ものづくりに取り組む熱心な地域住民が集います。

事業のプロトタイピング

たとえ非営利のプロジェクトでも、プロジェクトを持続可能なものにするためには、お金の流れ、すなわち事業モデルをデザインしなければなりません。プロジェクトを始めたもののお金が回らず、花火のように打ち上げただけで終わってしまうのは、あまりにも残念なことです。

事業モデルの設計というと、難しい理論を学んで取り組まなければいけないのだろうか、専門家のアドバイスが必要なのかと気持ちがひるみがちです。「ビジネスモデル・キャンバス」[*]は、事業モデルをつくって検証するためのテンプレートです。これを使うと、そうした心配なしで、わかりやすいプロセスでビジネスモデルのプロトタイピングができます。ビジネス全体を一つのキャンバスにたとえて、9つの要素を埋めていくことでつくり上げていくものです。

ビジネスモデル・キャンバスをつかったモデルづくりの方法は、インターネット上に動画が多くアップされています。使い方を理解できるとともに、ビジネスモデルについて学ぶこともできるので視聴してみましょう。

＊ビジネスモデルキャンバス
詳細はアレックス・オスターワルダー他著『ビジネスモデル・ジェネレーション』（翔泳社）を参照。

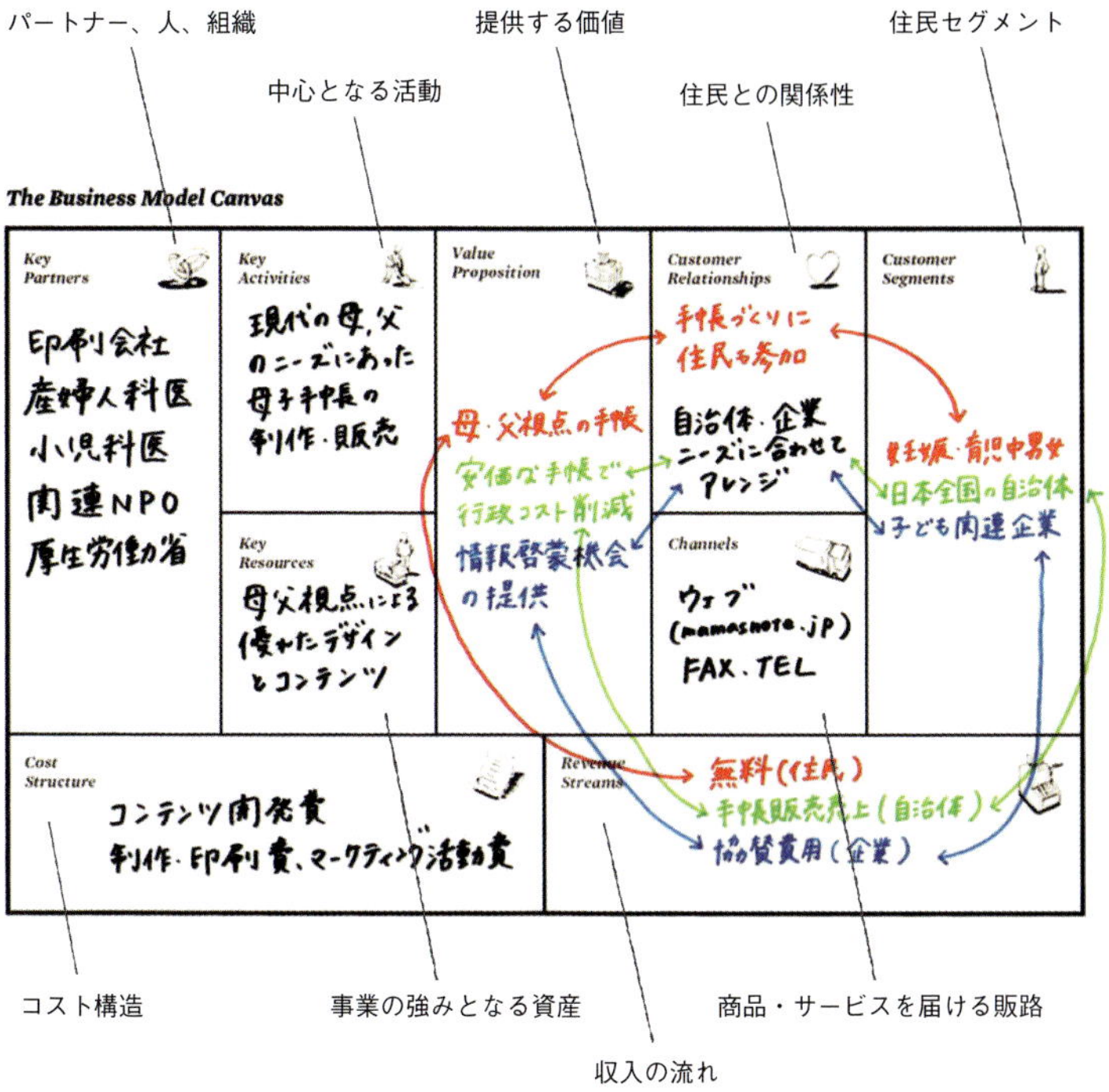

図「日本の母子手帳を変えよう」のビジネスモデルキャンバス

住民は優れた母子健康手帳を使用できる、行政は調達コストを削減できる、企業は社会貢献と自社ブランドの強化ができる、3者WIーNとなるビジネスモデルを試作中。

小さくスタートし、改善し続ける

ソーシャルデザインのプロジェクトの一つの特長がスモールスタート、すなわち小規模から始めやすいことです。ソーシャルデザインでは、ビジネスで言うところの顧客よりも、共感してくれる仲間をつくることが大切です。仲間には、現時点で改善点があることを理解してもらったうえで、使ってもらいながら意見をもらうとともに完成度を高めていきましょう。

たとえいったん完成したとしても、ソーシャルデザインの解決策は生き物です。成長するデザインであり、変化するデザインです。社会課題は時代の影響を受けて、日々変化するのです。森に道をつくる活動は、つくることがひとつの旅程の終わりであり、スタートでもあるのです。

変化に合わせて整備し続けて、環境に合わせてよりよいものに高めていきましょう。それがソーシャルデザインの特長であり、興奮するところかもしれません。

住民の役に立っているのだろうか。不便はないだろうか。道ができて、森に変化があっただろうか。常に見守り改善し続けていくことで、道は踏み固められ、道らしくなっていきます。そしてそれはまた、新しい道づくりの着想へつながっていきます。

Journey 7

道をつくる

Part 2

ソーシャルデザインの実践例

Case Studies of Social Design

Case Study 1

できますゼッケン（兵庫県神戸市、宮城県・岩手県三陸沿岸　2008〜2011）

出会いと始まり

ソーシャルデザインのスタート

僕がソーシャルデザインの世界に本格的に足を踏み入れた最初のプロジェクト「震災+design」から生まれたツールが、この「できますゼッケン」です。そのため、自分の原点として振り返ることも多い、たいへん思い出深いプロジェクトです。

2008年当時、まだソーシャルデザインという言葉を見聞きすることはほとんどありませんでした。そんな中、同じように「社会課題解決のためのデザイン」に可能性を感じている仲間（P331に登場する山崎亮氏他）に偶然出会い、その社会実験のためのプロジェクト issue+design を始めることにしたのです。

まずは、第1回としてどんな社会課題を取り上げるか議論しました。「どんな社会課題が日本にあるのか?」「どの領域にデザインが貢献できるのか?」という議論を重ねた結果、

プロジェクト開始

三つの理由から、震災に関するプロジェクトを実施することに決めました。

理由の一つ目は、日本人が自分ごととして考えられる課題だということです。世界的な課題である「水不足」「貧困」などは、どうしても日本人には縁遠く感じられます。次に、日本が世界に対してリーダーシップを発揮できる課題であることです。先進国の中でもっとも震災を経験している日本の経験値を活かすことができます。最後の理由は個人的なものです。僕も山崎氏も日本や世界各地で起きている災害（地震、津波、ハリケーン、戦争）のためのデザインに強い関心を抱いていたためです。当時は阪神・淡路大震災からも15年近く経過しており、社会全体で「震災」に対する危機感や関心が極めて低かったことを今でも鮮明に覚えています。しかし、そんな環境での取り組みが東日本大震災に役立ったことを考えると、社会が普遍的に継続しなければならないデザイン領域がこの「災害」なのかもしれません。

大学生、大震災経験の地、神戸に集う

このプロジェクトは、ソーシャルデザインの実験と教育、啓蒙の位置づけが強かったこともあり、参加者を全国の大学生・大学院生から募るという形式をとりました。通常のデザインプロジェクトの対象者は主に美術や工学を学んでいる学生です。しかし、同じ分野の学生

だけでは発想に幅が生まれません。デザインは限られた分野の人のためのものではありません。そこで、あえてさまざまな分野の学生に声をかけたところ、教育、医療、建築、グラフィックなど、多様な領域の12組24名の学生が参加してくれました。

阪神・淡路大震災の舞台である神戸市でプロジェクトは始まりました。参加者は阪神・淡路大震災の記念・記録施設である「人と防災未来センター（神戸市中央区）」に集い、震災の疑似体験、専門家の講義、被災者のインタビューなど震災を理解するセッション、課題を抽出・整理するワールドカフェ形式のワークショップを経て、課題解決のためのデザインを提案するプロセスに取り組みました（プロジェクトの詳細は『震災のためにデザインは何が可能か』hakuhodo+design/studio-L著、NTT出版）。

大都市直下型地震発生時の避難生活のイシューマップ（P103）をもとに、収納可能な子どもの遊び場（左写真上段右）、貴重な水を管理するトリアージタグ（同上段左）、グラデーションで情報鮮度がわかる掲示板（同中段右）、性暴力防止のためのコミュニケーションツール（同中段左）、人との距離を調整できるネットパーテーション（同下段右）、体育館の床生活から解放するモジュール式学校机（同下段左）など、多くのアイデアが生まれました。プロジェクトのプロセスと成果は書籍にまとめ（前掲『震災のためにデザインは何が可能か』）、東京および神戸で展覧会を開催し、行政への提案も行いました。

写真　ワークショップから生まれたプロトタイプ

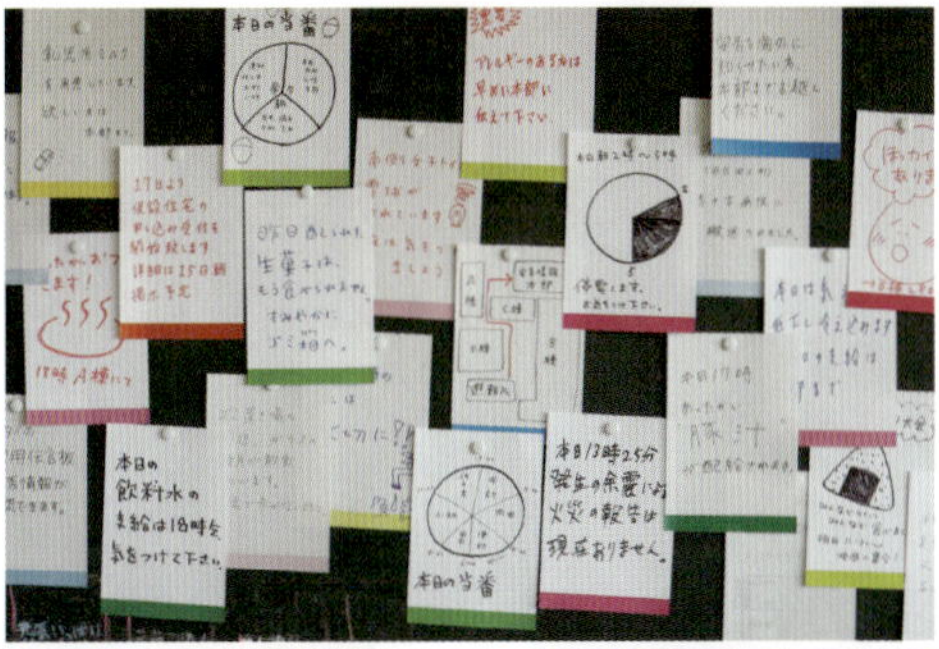

緊急事態！

POINT
自分が今できることをしっかりやる

２０１１年３月11日、東日本大震災発生

１年半後の２０１１年３月11日、東日本大震災が発生しました。それまで見たことがない衝撃的な映像が次々とテレビを通して目に飛び込んで来る中、僕は、この未曾有の大災害のために自分は何ができるだろう？　とひたすら考えていました。阪神・淡路大震災の教訓をもとにしたプロジェクトを行っていた自分に何かできることがあるにちがいない。今役に立たなければ、今までやってきたことの意味がないという思いで考え続けました。

そこで頭に浮かんだのが、「スキル共有カード」のアイデアです（Ｐ２３７の上段）。被災経験者の方が「ボランティアの人がこれをつけてくれると助かるね。何ができるかわからない人がたくさんいたから」と助言してくれたことを思い出しました。避難所で被災者が身につける、自分のスキルと趣味嗜好を記したオリジナルＩＤカードです。住民同士の助け合いと会話を促すツールとして発想されました。これをボランティア用としてリデザインしようと思ったのです。

阪神・淡路大震災では、延べ１２０万人以上がボランティアとして被災地に駆けつけ、「ボランティア元年」と呼ばれる動きとなりました。この活動は、被災者の支えとなった一方、現場にさまざまな課題を残しました。だれが何をしているのかわからず、何をすべきかわか

プロトタイピング

POINT
社会の切迫したニーズに応えられるスピード

らない「指示待ちボランティア」の調整が大変だったそうです。ボランティアに「やってあげている」感情、被災者に「やってもらって当たり前」の感情が生まれ、衝突を招いたこともあったとか。コミュニケーション不足が原因となった課題が多々あったのです。

震災発生後3日間は、多くの命を救うための「救助」フェーズです。その後、数ヶ月〜1年以上、住居を失った方やインフラの復旧を待つ方が「避難」フェーズに移ります。このとき、高速道路や新幹線が復旧すると同時に、全国各地から阪神・淡路大震災以上の数のボランティアが被災地に向かう状況は目に見えていました。この事態に備えて、ボランティアと被災者のための情報インフラを整えること、それが僕にできることだと思ったのです。

視認性を高める

3日後の3月14日にスキル共有カードの実用化プロジェクトが立ち上がりました。神戸市職員、グラフィックデザイナーなどとともに、まずはオリジナルアイデアであるスキル共有カードの検証から始めました。ターゲットは、被災地外から来るボランティアに絞ることにしました。オリジナルアイデアは主に住民が利用するものでしたが、被災地は沿岸部の漁村や農村部が大半で、避難所で暮らす被災者同士は顔見知りのことが多いと想定されたためです。ボランティア自身が「自分に何ができるか？」を真剣に考えることで、参加目的を明確にし、責任ある行動をとるよう後押しすること。被災者がボランティアのスキルを理解し、気軽に頼めるようにすること。この二つの機能を果たす新デザインの検討を行いました。

当初の案は、2センチ四方のシールを名刺大のカードに貼り付けるタイプでした。実際につくって使用してみたところ、視認性に問題がありました。高齢者が多い被災地で、小さなカードの小さな文字を読んでもらうことは難しそうです。そこで、シールという形式をあきらめ、カード自体がスキルを表すものとし、わかりやすい色で表現することとしました。必要と思われるスキルを洗い出してみると21種類になりました。カードを並べて、使用シーンをシミュレーションしたところ、数が多いと選ぶのが難しく、カードによって使用頻度にばらつきが出てくるという問題が明らかになりました。

いろいろなパターンを試した結果、赤青黄緑の4色を使用することで、視認性も高まり、被災者がスキルを把握しやすいという結論に至りました。被災地で生死を分ける「医療・介護」は赤、情報弱者となりがちな人を支える英語、手話など「ことば」の支援は青、生活再建のためのスキルである大工や法律などの「専門技能」は黄、力仕事や料理など「生活支援」は緑です。サイズは視認性を重視し、A5サイズに。ストラップは、作業中にぶらぶらして邪魔になるため、シール用紙に印刷し腕や胸に貼り付ける方法が有力となりました。

図　プロトタイプの変遷

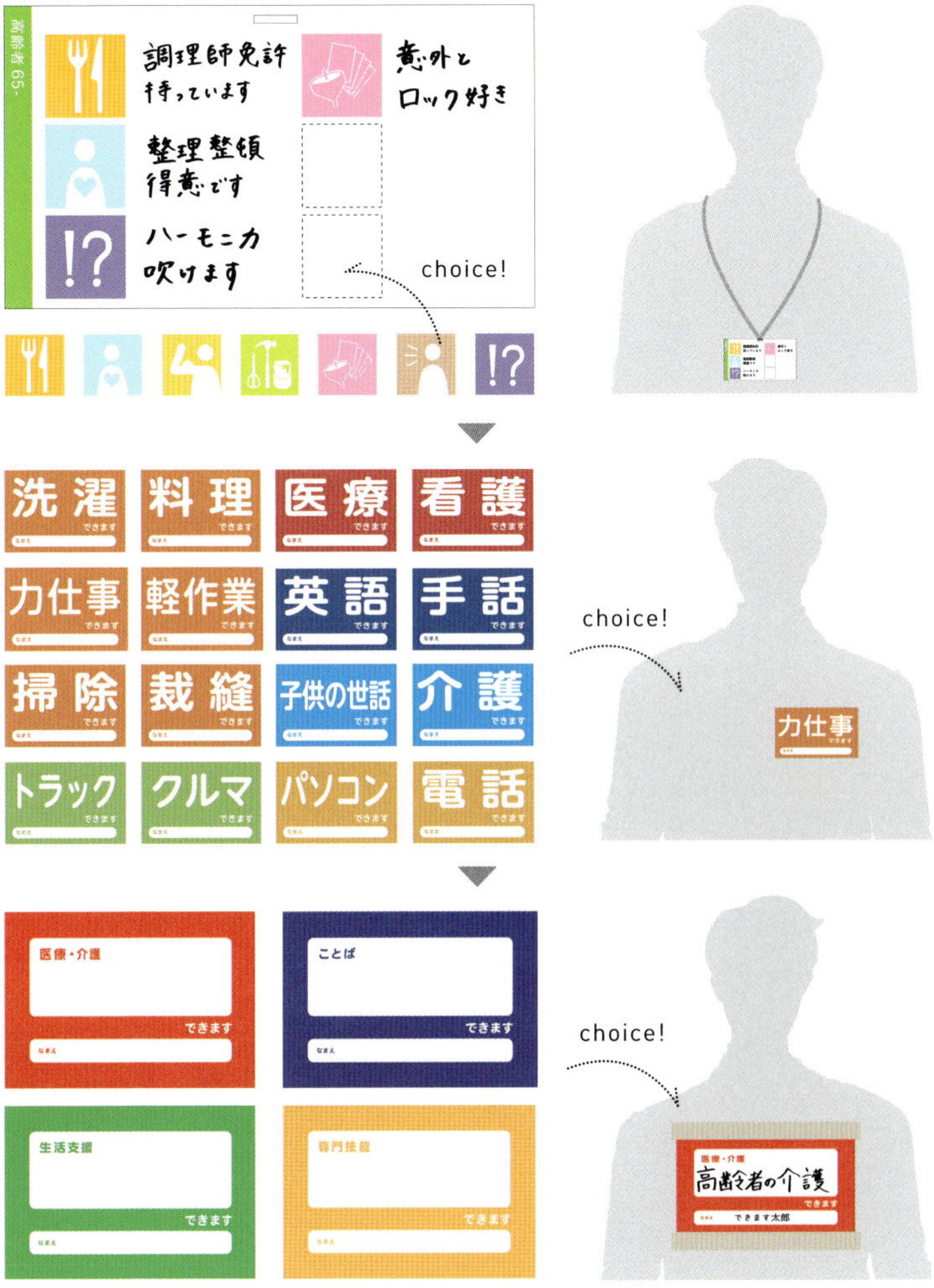
高齢者 65-
調理師免許持っています
意外とロック好き
整理整頓得意です
ハーモニカ吹けます
choice!
洗濯
料理
医療
看護
力仕事
軽作業
英語
手話
掃除
裁縫
子供の世話
介護
トラック
クルマ
パソコン
電話
できます
choice!
力仕事
医療・介護
できます
ことば
できます
生活支援
できます
専門技能
できます
choice!
医療・介護
高齢者の介護
できます
できます太郎

届ける

POINT
必要としている人に知らせる、届ける、デリバリーの設計

交通網の断たれた中で

種類、サイズ、素材、貼り方が固まり、ゼッケン自体のデザインがほぼ完成した段階で、新たな壁に突き当たりました。だれがどうやってこのツールを被災地に届けるのかという流通の問題です。

発生直後は高速道路も新幹線も復旧しておらず、被災地への道は限られていました。また、このアイデアが生まれたきっかけである阪神・淡路大震災の場合と違って、被災地が広域にわたるため、各避難所に短期間で届けることは困難です。

この状況で多くの被災地にできるだけ早く届ける手段を考えた結果、ウェブサイト上に公開し、被災地に向かう個人や団体が自由に印刷し持参できるコモンズにするというアイデアが生まれました。そうなると、特殊な紙は使用できません。一般に流通している普通の紙に印刷し、ガムテープで貼るという方法に変更することにしました。Ａ５判の紙に印刷し服に貼り付けたところ、またまた問題が発生しました。胸や腕につけると作業中に身体が動くため、剥がれてしまうのです。こうした試行錯誤の結果生まれたのが、だれもが使いやすく貼りやすくはがれにくい、Ａ４サイズで背中に貼る現行のデザインです。こうして「できますゼッケン」は誕生しました。

写真
できますゼッケン

医療・介護
高齢者の介護
できます
杉山久美子
ことば
手話
できます
たいが
ヘアカット
カナコ
生活支援
トイレそうじ
できます
ゆうすけ

コミュニケーションが生まれる

東日本大震災発生から約10日後、２０１１年3月22日、できますゼッケンはウェブサイト（http://issueplusdesign.jp/dekimasu/）で公開されました。以降、福井県の専門的技術を持つ民間ボランティア、新潟県中越地震でも活躍した鍼灸師の団体、石巻市での自転車のパンク修理活動など、現地に赴くさまざまな団体やＮＰＯなどで徐々にゼッケンが使用され始めました。

宮城県気仙沼市の災害ボランティアセンターでは、地元出身のイラストレーターが気仙沼の特産魚介類などのイラストを描き入れたオリジナルバージョンをつくって使ってくれました。その他の自治体のボランティアセンターからも問い合わせが多数あり、郵便や宅配便業者の流通網が復活した後には、事務局で印刷したものを現地の避難所などに届けることも積極的に行いました。

使用された方々から、「ひと目でボランティアだと認識してもらえたので役に立ちました」、「これで気仙沼を歩いていたら、さっそく被災者の方から話しかけられた」「シンプルな4色のゼッケンでわかりやすくて助かってます」といった声が上がるなど、コミュニケーションを活発にする効果が出ています。

写真
（上）気仙沼市で制作されたオリジナル版のゼッケン
（下）気仙沼市ボランティアセンターの様子

道を延ばす

POINT

デザインをだれもが使えるみんなのものに

使い勝手をみんなが考えてくれた!

ウェブサイト上に公開したことで、思いもよらない仲間が全国から生まれました。ゼッケンの使い方をわかりやすく説明した動画を作成して動画共有サイトにアップしてくれる人、コンビニエンスストアのコピー機を使ってだれもが自由に印刷できる仕組みを提供してくれる人、南海地震に備えて高知市内の自治体で印刷・保管し、防災訓練で活用してくれる人など、「できますゼッケン」の便利な、効果的な使い方を多くの人が工夫してくれて、その輪が全国に広がりました。

東京都の多摩地区をベースに活動する市民大学、東京にしがわ大学では、震災から1年以上たった2012年の春に「できますゼッケン」を活用したワークショップが開催されました。参加者である市民が、地域の防災のためにできることを考え、表明するという取り組みです。まさに、全国の人々が被災地に赴く以外にも「自分ができること」を考え、行動する動きが生まれているのです。これこそが「できますゼッケン」の最大の成果です。

東日本大震災の被災者の方、ボランティアに参加した方、被災地以外の全国各地で暮らす方、さまざまな方々の復興や防災の活動に、このプロジェクトがほんの少しでも役立つことができれば、こんな幸せなことはありません。

写真
（上）自由にダウンロード可能なウェブサイト
（下）東京にしがわ減災ワークショップ（立川市）

Case Study 2

ストレスマウンテン（兵庫県神戸市　2012）

社会課題

若年層向け自殺対策

日本人の自殺者数は1998年から2011年まで13年連続で3万人を超えています。全死因の7位に位置し、交通事故死者数の4倍以上です。自殺率（人口あたり自殺者数）はドイツやアメリカの2倍、イギリスの4倍と欧米先進国と比べて顕著に高い状況です。自殺と関係が深いと言われているうつ病、躁うつ病の患者数も急激に増加しており、2008年には年間百万人を超えるなど、10年間で2倍以上になりました。日本経済同様に、日本人の心も長い間深い闇につつまれているようです。

なかでも、近年、全国的に20〜30代の若年層のうつ病やその結果の自殺が増えていることが問題になっています。神戸市では、特に若年層向けの心の健康対策に力を入れており、2012年より、その対策プロジェクトを始めることとなりました。

声を聞く

POINT
綿密なヒアリングで問題の構造をつかむ

なぜ、心の病に？

自殺という、社会課題の中でももっとも深刻なものの一つと言えるこのテーマに、どこから手をつけたらいいのか、どんなアプローチで取り組むべきか、悩みました。しかし、僕らができることはいつもと同じことしかありません。生活者の話を丁寧に聞くこと。そこから課題を抽出し、解決の糸口を見つけること。そして、できることを着実にやることです。

まず、生活者約40名へのインタビューからプロジェクトは本格的に始まりました。うつ病で1年2カ月休職し復職した40代男性、部下3名がうつ病になったことのある50代男性管理職、6年間統合失調症に苦しむ24歳女性、奥さんを自殺で亡くされた32歳男性会社員など、本人もしくは身近な人が心の病に直面している方々です。普通の生活を送っていた一人の人間に、いつ、何が起こり、何を感じ、どのように考え、どう行動したのか。インタビューから得られるそれらは、どんな文献や研究よりも多くのことを教えてくれます。僕らはインタビューを通して、次のような解決策のキーとなる事実を発見しました。

「人は一つの原因だけではなかなか心の病（その結果としての自殺）には至らない。必ず複数の原因を抱え、徐々に悩みが深刻化し、うつ病などの精神疾患という結果に至る」

「うつ病は、ごく普通の人がごく普通の生活を送っていても罹りうる一般的な病である。患

先人から学ぶ

POINT

先行研究はデザインのヒントの宝庫

者とそうでない人の差はわずか（原因はだれもが経験する日常生活のストレスの積み重ね）」「結婚、出産、昇進、クリスマスなど、幸せに思える出来事でも、生活の変化はストレスであり、その蓄積が心の病につながる」「うつ病患者は、焦りからいろいろなことを急いで決断しがち。その決断が危険」

平均4つの原因の積み重ねがある

生活者へのインタビューに加えて、この課題の解決に取り組んでいる研究者やＮＰＯへのインタビューや文献調査を行ったところ、僕らの発見を強く後押ししてくれる二つの研究に出会いました。

一つは、自殺対策に取り組むＮＰＯ法人ライフリンク（http://www.lifelink.or.jp/hp/top.html）のものです。彼らは自殺で家族を亡くされた遺族３０５人に対する聞き取り調査を行っており、人が自殺に至る危機経路というものを分析していました。その調査から、人が自殺に至るには平均３・８個の原因があるということがわかりました。そして、この調査結果がインタビューで見えてきていた解決策のカギの裏付けとなりました。以下は彼らの調査結果から見えてきた職業別の自殺危機経路です。

【被雇用者】
①配置転換↓過労＋職場の人間関係↓うつ病↓自殺
②昇進↓過労↓仕事の失敗↓職場の人間関係↓自殺
③職場のいじめ↓うつ病↓自殺

【自営者】
①事業不振↓生活苦↓多重債務↓うつ病↓自殺
②介護疲れ↓事業不振↓過労↓身体疾患＋うつ病↓自殺
③失業↓再就職失敗↓起業↓事業不振↓多重債務↓生活苦↓自殺

【無職者】
①身体疾患↓休職↓失業↓生活苦↓多重債務↓うつ病↓自殺
②連帯保証債務↓倒産↓離婚の悩み＋将来生活への不安↓自殺
③犯罪被害（性的暴行）↓精神疾患↓失業＋失恋↓自殺
④子育ての悩み↓夫婦間の不和↓うつ病↓自殺
⑤DV↓うつ病＋離婚の悩み↓生活苦↓多重債務↓自殺
⑥身体疾患＋家族の死↓将来生活への不安↓自殺

【学生】
①いじめ↓学業不振＋学内の人間関係（教師と）↓進路の悩み↓自殺
②親子間の不和↓ひきこもり↓うつ病↓将来生活への不安↓自殺

ストレスのスコア化「ストレスマグニチュード」

もう一つの研究が、アメリカの心理学者ホームズ他によるうつ病などの精神疾患の発症危険度を診断する指標「ストレスマグニチュード」です。1967年という昔の研究ではありますが、たいへん示唆に富んでいました。

「ストレスマグニチュード」とは、アメリカ人の日常生活におけるストレスを43項目抽出し、それらが人に与える負荷を定量調査でスコア化したものです。個人が過去1年間に経験したストレス項目の合計スコアが200を超えた場合、うつ病等の精神疾患に罹患する可能性が50%以上、300を超えた場合は80%以上になると報告しています。

この研究では、ストレス項目を「環境の変化」と定義している点が特徴的です。そのため、離婚(マグニチュード73)、失業(同47)、借金(同31)などの辛い出来事に加えて、結婚(同50)、子どもの誕生(同39)など、喜ばしい出来事もストレスになるとして数値化しています。

うつ病を自己診断するためのチェック表を多く見かけます。しかし、これらは「気分が落ち込むことがある」「私は幸せだと思う」など、本人の主観的な判断に左右されるものがほとんどです。それに対して「ストレスマグニチュード」は、ストレスの原因と考えられる出来事を数値化しているため、客観的な判断ができる点が有効だと感じました。

図 ストレスマグニチュード米国版

配偶者の死	100	子供との別居	29
離婚	73	職場での責任の変化	29
配偶者と別居	65	目立った個人的成功	28
親族の死	63	入学・卒業・退学	26
刑務所やその他施設へ拘束	63	配偶者の就職や退職	26
自分の怪我や病気	53	生活状況の変化	25
結婚	50	個人的習慣の変化	24
失業	47	上司とのトラブル	23
配偶者との和解	45	勤務時間・条件の変化	20
退職	45	引越し	20
家族の健康上/行動上の変化	44	転校	20
妊娠	40	宗教活動の変化	19
家族数の変化	39	気晴らしや休養の変化	19
性的な問題	39	社会的活動の変化	18
会社の合併・倒産など	39	150-200万円以下の借金	17
経済状態の変化	38	睡眠習慣の変化	16
親友の死	37	食習慣の変化	15
転職	36	家族が集まることの変化	15
夫婦喧嘩の頻度の増加	35	休暇	13
150-200万円以上の借金	31	クリスマス	12
担保や貸付金の損失	30	軽度の違反行為	11
親戚とのトラブル	29		

地図を描き、
立地を選ぶ

POINT
「できること」に絞る

初期段階で食い止める！

生活者や有識者のインタビュー、先行研究の分析などの結果から描いたのがP107の自殺・うつ病に関する「イシューマップ」です。描いてみると、うつ病から死に至るには、日常生活のさまざまなストレスが蓄積して連鎖するという因果関係が見えてきました。地図をもとに、僕らができること、つまりプロジェクトイシューを熟慮しました。

僕らが絞ったプロジェクトイシューは、「初期段階で食い止めること」です。日本人の生活環境にはストレス要因があふれていて、その蓄積が心の健康を害する。平均3・8個の原因が積み重なり、自殺に至る。であれば、ストレス要因が蓄積し過ぎない早期段階で適切な対策を施すことができれば、救える人がいるのではないか？　そう考えたのです。

自殺志願者のヘルプ電話を受けているNPOスタッフ、重度のうつ病患者など、深刻な状況に関するインタビューも行っていました。もちろん、そのような状態にある人たちへの対策も検討しました。しかし、選んだのは「心の危険度・初期の人を、ストレスが蓄積し重度化する前に救うために、何が可能か？」というプロジェクトイシューでした。これならば僕らが与えられた時間と諸条件の中で、「自殺・うつ病」という壮大な社会課題に貢献できると確信したのです。

ストレス要因を可視化する

「心の危険度・初期の人を、ストレスが蓄積し重度化する前に救うために、何が可能か?」というプロジェクトイシューのために、「ストレス(問題)の外在化」と「個人別対策の啓蒙」をアイデアの土台として考えました。

「問題の外在化」は心理療法の一つです。多くの精神疾患で用いられており、「自分」の外に精神疾患の原因となる「問題」を置いて、問題を目の当たりにできるようにする方法です。「人が問題なのではなく、問題が問題なのだ」という考え方でもあり、問題を擬人化する場合もあります。問題を自分の外に置く=外在化することで、問題に対応していこうとする変化を導きます。この療法によって、心の持ち方や生活スタイルが変わり始めることも多いといいます。

そこで、ストレスを蓄積しつつある人(特に若年層)に、自分の抱えるストレスの実体と、その危険度を認識させるアイデアをかたちにすることにしました。また、うつ病や自殺につながるストレス要因は現実的な対応によって解決できることもあります。借金に苦しんでいる人の法律相談がその一例です。そこで、外在化した個人のストレス要因に対する、適切な対策を啓蒙することも同時に目指しました。

アイデア

ストレスマグニチュード現代日本版

ストレスを外在化するためのツールとして、「ストレスマグニチュード」の研究成果を活用させてもらうことにしました。しかし、そのまま使うわけにはいきません。１９６７年当時と現在ではストレス要因が異なります。また、アメリカの研究がすべて日本人にあてはまるわけではありません。そこで、現代日本版を作成するために、日本人の生活の現状に合わせてストレス要因を50項目まで増やしました。また各ストレス要因が心に与える負荷（ストレスマグニチュード）を算出するために、神戸市民１２００名を対象にアンケート調査を行いました。調査対象者の方には、50項目の中から過去6ヶ月以内に経験したものをチェックし、各項目のストレスを10段階で評価してもらいました（もっともストレスがかかった状態を10とし、各ストレス要因を相対的に評価）。

この調査から算出した現代日本版が左の図です。1位の「配偶者や恋人の死」の82・4というスコアは回答者の平均が10段階中8・24であることを意味します、また、この調査から、精神疾患の可能性が80％以上ある住民が全体の26・5％を占めており、日本人の心が闇に覆われている現状も明らかになりました。

図 ストレスマグニチュード現代日本版

配偶者や恋人の死	82.4
親族の死	77.0
親しい友人の死	76.1
家族の病気、怪我	73.7
離婚	72.3
配偶者・恋人・子どもの暴力	71.6
自分の病気やけが	71.4
多忙による心身の過労	71.3
失業・リストラ	70.8
配偶者や恋人の浮気	69.4
恋人との別れ	67.6
勤務している会社の倒産	66.8
配偶者との別居	66.3
収入の減少	65.3
職場の人間関係のトラブル	64.1
夫婦や恋人との喧嘩の増加	64.0
150万円以上の借金	63.3
ご近所とのトラブル	61.3
親戚とのトラブル	60.4
睡眠習慣の変化	60.0
仕事上のミス	59.2
家族内の会話の減少	58.0
転職	57.2
150万円未満の借金	56.3
仕事量の変化	56.2
配偶者が仕事を辞める、始める	55.8
職場での責任の変化	53.2
就職・転職活動	53.2
性的なトラブルや悩み	51.6
交友関係の変化	50.5
住宅ローンの返済	50.2
転勤・単身赴任	50.2
子供の受験	49.0
食習慣の変化	48.8
妊娠	47.1
引越し	46.1
子供の転校・入学	46.1
飲酒習慣の変化	46.0
会社の合併・統合	44.5
新しい家族が増える	42.8
結婚	42.5
遊び、趣味、社会活動の変化	41.8
知名度、社会的地位のアップ	39.4
性別による仕事の制限	39.0
自分の昇進・昇格	37.9
同僚の昇進・昇格	37.6
職場の技術革新・デジタル化	36.9
クリスマス、正月	30.8
長期休暇	29.8
収入の増加	26.0

若者向けウェブサイト「ストレスマウンテン」

現代日本版ストレスマグニチュードを若者に利用してもらうために、ウェブサイトを立ち上げることにしました。一般的に、行政は若者へのアプローチを苦手としています。都市部で普通に生活をしている若者にとって、役所は縁遠い存在です。引越しや結婚でもしない限り世話になることもなく、ポストに投函されている広報誌などもほとんど読みません。そんな若者にアプローチできる数少ないメディアの一つがウェブサイトです。

現代日本版ストレスマグニチュードをウェブサイトで実践する企画について、チームメンバーで議論しました。そして、早い段階で具体的なカタチに落とし込み、専門家である神戸市の職員や精神科医、ターゲットである若者に何度も試してもらいました。そこで得られた意見をもとに企画の改善を重ね、たどり着いたのが「ストレスマウンテン（http://stressmountain.jp/）」というウェブサイトです。

「ストレスマグニチュード」の「マグニチュード」とは、地震の大きさを表す指標です。つまりストレスが人の心に与える震動の大きさを数値化したものです。これをできるだけわかりやすくするために、「山」というモチーフを選びました。人の心を「山」にたとえ、山の変化を危険度として表し、視覚的に把握できるサイトを目指しました。

写真（次項）
ストレスマウンテンの
画面変移

50のストレス項目から自分が過去6ヶ月以内に経験したものをチェックしていくと、マグニチュードの数字が増えるとともに山の状態がどんどん変化していきます。マグニチュードが増え、危険な状態になるにつれて、山は膨らみ、動物達は逃げまどい、煙を出していきます。マグニチュード10に達すると山は噴火してしまいます。噴火はストレスの蓄積による「心の爆発」を意味します。

全項目をチェックし終わってクリックすると、あなたが抱えるストレスマグニチュード、うつ病発症の危険度（50％未満、50％以上、80％以上の3段階）、あなたのストレス要因、分野別ストレス度（お金、仕事、家庭生活、個人生活のどの分野でストレスを抱えているか）、そしてアドバイスが表示されます。自分のストレスを外在化し、ストレスの大きな原因を知り、危険性を認識することができます。

続いて、あなたのストレス要因に応じた心の健康対策が表示されます。健康対策は14種類用意しました。借金がある場合は「法律の専門家への相談」、飲酒習慣が問題の場合は「適切な飲酒方法」、失業の場合は「ハローワークの紹介」という具合です。だれもが知っておくべき、「ストレスと上手につきあう8つのポイント」というコンテンツも用意しました。また、危険度が高い場合は、神戸市の心の健康センターの電話窓口の紹介や精神科医の受診をすすめる仕組みです。

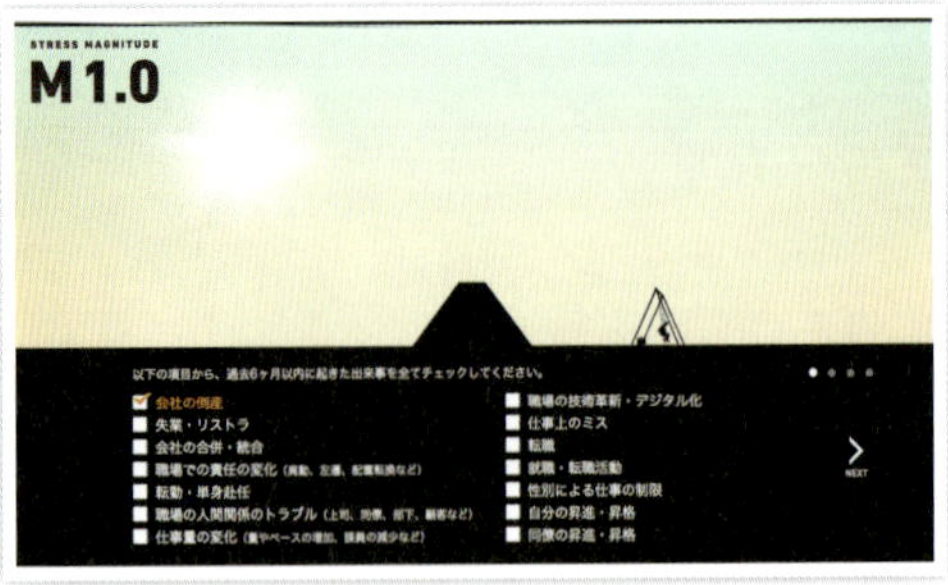
STRESS MAGNITUDE
M1.0
以下の項目から、過去6ヶ月以内に起きた出来事を全てチェックしてください。
会社の倒産
失業・リストラ
会社の合併・統合
職場での責任の変化
転勤・単身赴任
職場の人間関係のトラブル（上司、同僚、部下、顧客など）
仕事量の変化
職場の技術革新・デジタル化
仕事上のミス
転職
就職・転職活動
性別による仕事の制限
自分の昇進・昇格
同僚の昇進・昇格
NEXT

STRESS MAGNITUDE
M2.0
以下の項目から、過去6ヶ月以内に起きた出来事を全てチェックしてください。
長期休暇
収入の増加
収入の減少
150万円以上の借金（住宅ローン除く）
150万円未満の借金（住宅ローン除く）
住宅ローンの返済
引越し
結婚
妊娠（自分もしくは配偶者の）
新しい家族が増える（誕生、養子縁組、親との同居など）
配偶者（妻・夫）が仕事を辞める、始める
子どもの受験
子どもの転校・入学
親戚とのトラブル
BACK
NEXT

STRESS MAGNITUDE
M6.0
以下の項目から、過去6ヶ月以内に起きた出来事を全てチェックしてください。
夫婦や恋人との喧嘩の増加
家族内の会話の減少
配偶者や恋人の浮気
配偶者・恋人・子どもの暴力
配偶者（夫・妻）との別居
恋人との別れ
離婚
配偶者（夫・妻）や恋人の死
親しい友人の死
親族の死
家族の病気、怪我
自分の病気、怪我
多忙による心身の過労
性的なトラブルや悩み
BACK
NEXT

STRESS MAGNITUDE
M8.0
以下の項目から、過去6ヶ月以内に起きた出来事を全てチェックしてください。
長期休暇
収入の増加
収入の減少
150万円以上の借金（住宅ローン除く）
150万円未満の借金（住宅ローン除く）
住宅ローンの返済
引越し
結婚
妊娠（自分もしくは配偶者の）
新しい家族が増える
配偶者（妻・夫）が仕事を辞める、始める
子どもの受験
子どもの転校・入学
親戚とのトラブル
BACK
NEXT

Case Study 2

ストレスマウンテン

つくる

POINT

深刻な課題の解決にこそ「遊び心」が必要

広く伝える

「真剣さ」と「楽しさ」のバランス

このサービスは、行政が提供する真面目で真剣な内容のものです。しかし、これを「楽しめる」ものにすることを心がけました。自分のストレス項目をチェックする作業は楽しいことではありません。嫌なことをあえてやってもらわなければなりません。また、使ってくれた人が周りの人に推奨してくれなければ、輪は広がりません。多くの人の役に立ちません。

そこで、ストレスチェックの過程で、各項目に応じたアニメーションを入れることにしました。「離婚」をチェックすると山に×の印がつき、「転勤」をチェックすると新幹線が走り抜ける。ほんの小さな遊びですが、次は何が出るかな？　と小さな期待を持ちながら、楽しんで自分のストレスを知ってもらいたかったのです。しかし、決して不真面目なものになってはいけません。「真面目」と「楽しい」のバランスは、最後まで細かく配慮した点です。

身近な病であることを知ってもらおう

ウェブサイトのオープンに合わせて、神戸市の中心である三宮エリアで写真のような広告を掲載しました。調査に答えていただいた市民の方のストレス要因を、関西弁で一人称の独

写真
市営地下鉄・JR
三宮駅の柱巻き広告

白調のコピーにしたもので、全部で5つのバージョンがあります。いずれも「周りにいそう」と思わせるごく普通の人です。しかし、いずれもさまざまなストレスを蓄積していて、心の危険度が高い（精神的不調をきたす確率は80%程度）人です。この広告には、ウェブサイトを訪れてもらうためだけでなく、うつ病が身近な病であり、自分を含めてだれもが罹りうるものだということを知ってもらいたいという意図もあります。

多くの人がこのウェブサイトを利用することで、早い段階で自分の危険性を知り、うつ病などの精神疾患を回避できることを願っています。

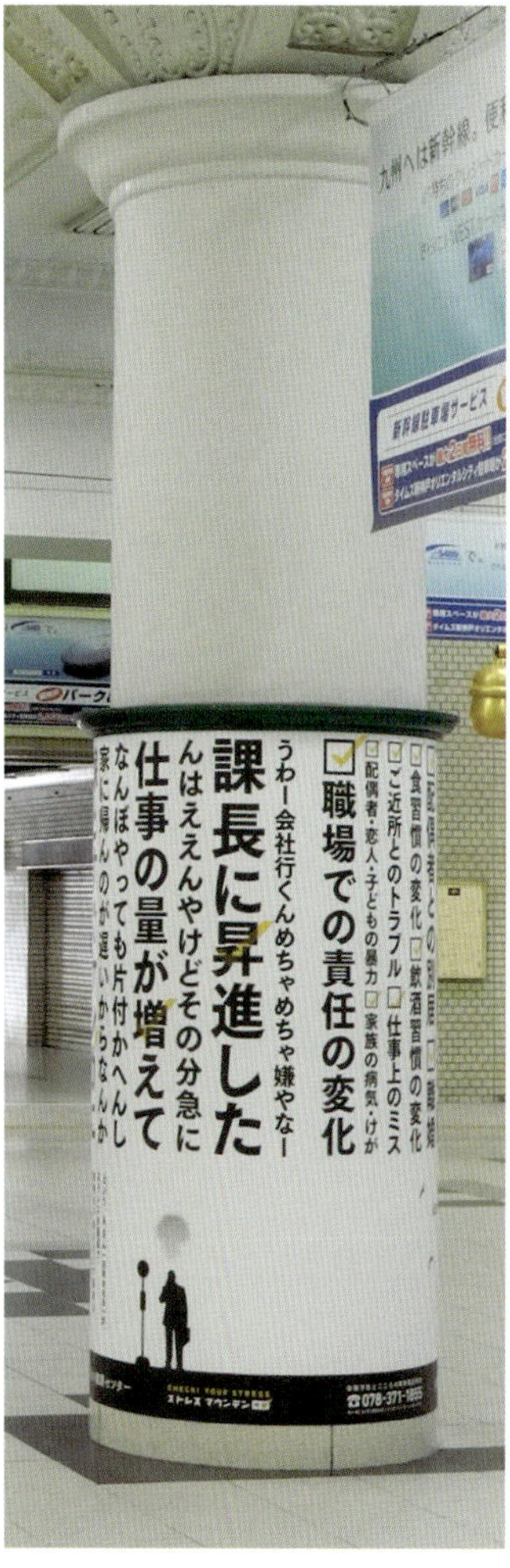

Case Study 3

日本の母子手帳を変えよう（全国　2010）

社会課題

母子健康手帳は、現代の育児環境のために何が可能か

母子健康手帳とは、日本独自の母子の健康管理ための保健システムの一つです。歴史は古く、1942年に妊産婦手帳という名で発行されたものが最初です。当時は妊産婦の死亡率が高く、母子の健康管理を強化すべきだという、当時の日本としては先進的な発想から生まれました。その後、法改正とともに、予防接種や健康管理の記録が追加され、1966年に母子健康手帳と改名されました。母子健康手帳は、母子の健康に関する認識を高め、母親の自主管理を促す目的があります。そしてこの意図が、世界的にも注目されています。

1942年と2010年を比べると、乳児死亡率は85・5（一千人あたり）から2・3に、妊産婦死亡率は96・9（一万人あたり）から4・1に低下しました。日本の医療環境は劇的に進歩したのです。一方で、育児環境は変化し、待機児童の発生、産科・小児科医の不足、

デザインの起点

産後うつの増加など、新たな課題が浮上しています。また、育児環境の格差は深刻です。経済的・社会的自立前の出産や母子家庭も多く、厳しい環境の中で出産・育児に臨む女性が増えています。今の育児環境を見直すと、母子健康手帳には、健診や予防接種の記録以外にもできることがあるにちがいありません。そんな思いから、このプロジェクトは始まりました。

大学生とのワークショップから得た気づき

このプロジェクトは、2010年に行われた「子どものシアワセ」をテーマにしたワークショップから生まれました。大学生約30名が参加し、さまざまな調査を行い、発見した課題を解決するためのデザインを考えるプロジェクトです。その中で見えてきたのが「子どもの成長記録の分断」という課題です。生まれてから成人するまで、子どもの成長に関するさまざまな記録が残されます。母の育児日記、小学校の健康診断の記録、お薬手帳などなど、いろいろな場所にバラバラに記録・保存されているのが現状です。身長・体重の軌跡を追うためには、いろいろな書類を探さなければなりません。紛失してしまうことも多いようです。この課題解決のために、子どもに関する記録がどこにどんなかたちで残されているのか徹底的にリサーチしました。その結果見つかった記録手段の一つが母子健康手帳だったのです。

プロジェクト
イシュー

POINT
できる、できないを見極める

そもそも母子健康手帳って変えられるの？

母子健康手帳は妊娠がわかったときに始まる、母と子の健康・衛生・誕生・成長記録です。出産後は定期的な乳幼児健診でさまざまな健康状態のチェックが行われ、発育記録が残されます。予防接種の記録をつけるものでもあり、医療的役割も担っています。しかし、予防接種の大半が終了する2歳頃から使用頻度が減り、多くのお母さんがタンスの中に眠らせてしまいます。小学校入学前の6歳まで健診記録をつけて、その役割を終えます。

この手帳の機能と役割を理解したら、もっと活用できないのか、という疑問がわいてきました。せっかく生まれる前から記録をつけているのです。6歳までと言わずに、その後も記録し続けられれば、子どもの成長記録が1冊になる。また、予防接種の記録だけでなく、病気や薬の記録などもこの手帳にまとめてしまえば便利なのではないかと考えました。

とはいっても、この手帳は厚生労働省令で定められた様式があります。本当に変えることができるのか？　そんな疑問がずっとつきまとっていました。「よく変えられると思いましたね？」と聞かれます。僕らも当初は半信半疑でした。しかし、調べてみると、「国ではなく、市区町村が発行するものであること」「全国一律で変更できない必要記載事項（前半約50ページ）と自治体の独自コンテンツが許されている任意記載事項（後半約50ページ）との二つの

制作プロセス

POINT
住民の目により、あるべき進化を促す

パートに分かれていること」がわかりました。ということは、協力してもらえる自治体さえあれば、少なくとも後半の半分は変えられるのです。光が一筋見えてきました。

お母さんお父さんとともにつくる

そこで協力してくれる自治体を探すとともに、具体的な中身の検討に入りました。内容をよくよく読み込んでいくと、いろいろと問題が見えてきました。一番大きな問題は、自治体や医療関係者主導の視点が強く感じられ、住民の視点がまったく入っていないように見えることです。一般的な住民が使うアイテムは、市場の競争原理のもと、ニーズと時代環境に合わせて改良され、進化していきます。また、生活スタイルに合わず、人が不便だと感じるものは次第に淘汰されていきます。しかしこの手帳は、育児をとりまく環境の変化に合ったコンテンツやデザインの進化がそれほど感じられないのです。

そこで、改善点を探るために3種類のリサーチをすることにしました。

まずは、インターネットを通じて全国の生活者（お母さんお父さん）から、母子健康手帳の使い勝手や望むこと、育児の悩みなどの意見を集めるリサーチから始めました。インターネットの活用には目的が二つあります。一つはできるだけ多くの声を集めるためです。通常のデザインリサーチの場合は、ある社会課題に直面している少数の生活者の声を深く聞き取り、限定的なデザインの糸口を探していきます。しかし、今回の「母子健康手帳」は、妊娠・出産・育児という幅広い領域にわたります。大きな視野を持つ必要があり、より多くの声が必要だと考えました。また、このプロジェクトへの賛同者を広く集めるという目的もありました。インターネット上の特設サイトとソーシャルメディア（ツイッター）を通じて一日一問ずつ、母子健康手帳と育児に関する問いを投げかけ、その回答と議論を促す仕組みをつくりました。合計50の質問を投げかけ、毎回50から１００という多くの声をいただくことができました。

そして、産婦人科がない離島で暮らすシングルマザー、東京在住の中国人ママ、育児休暇取得中の男性、学生結婚夫婦など、少数派の方へのインタビューも行いました。こういうプロジェクトでは多数派の意見を採用しがちですが、埋もれがちな少数派の声にも可能な限り耳を傾けました。

最後は、３つの自治体（東京都世田谷区、兵庫県神戸市、島根県隠岐郡海士町）に協力してもらい、母子健康手帳を健診などで日常的に使用する保健師の方からの意見を集めました。このリサーチには、自治体の協力を模索し、母子健康手帳変更の可能性を探るという目的もありました。

Case Study 3

日本の母子手帳を変えよう

写真
母子手帳に関する声を募るウェブサイト

こうしたリサーチから、今の時代に求められる母子健康手帳の機能、コンテンツを探り、3つの開発コンセプト（アイデア）が抽出され、プロトタイプ版の開発に入りました。

開発コンセプト❶

妊娠・出産・育児のセーフティーネット

「母子健康手帳ってママのセーフティーネットなんですね」

母子健康手帳の新しい役割、機能を議論しているときに寄せられたあるお母さんの一言、それがこのプロジェクトの方向性を大きく決めました。

どんなに境遇が異なっていても、同じ自治体に住んでいるすべての妊婦が同じ手帳を受け取ります。出産・育児に関して、だれもが知っておくべき情報が掲載されていなければならないのです。だれもが育児に悩んだとき、心が折れそうになったとき、つねに立ち返る場所になるべきなのです。それこそが新しい母子健康手帳が果たすべき役割です。一番多かった要望は、子どもの健康に関する記録ページを充実させてほしいという声でした。予防接種、病気、学校の健康診断、お薬など、子どもの健康に関する記録をこの手帳にまとめて、機能性を高めることにしました。

母子健康手帳には行政発の大切な情報が数多く掲載されています。しかし、インタビュー

写真（次項）
新・母子健康手帳の特徴的コンテンツ

やインターネットの回答を通じて、多くのお母さんから「その情報が載っていることを知らなかった」という声を耳にしました。掲載されていても、伝わっていないのです。行政が配布する書類にはこの傾向があるようです。

また、保健師さんからのインタビューで見えてきたのが情報格差の拡大です。インターネットや雑誌・書籍などを使って、専門家なみの知識を集めて子育てする女性が増える一方、そういう情報には疎く、胎児と妊婦自身に悪影響を与えかねない妊娠生活を送る人が増えているとのこと。こういう「情報弱者」と呼べる人にもしっかり伝わり、しかも体調を崩しやすい妊娠中、疲労困憊の出産後、繁忙極まる育児中でも楽に情報を入手できるようにグラフィックデザインを工夫しました。こうして生まれたのが写真（P268・269）の、わかりやすいキーワード・平易な文章・読むことを促すイラストを使った情報ページです。

もう一つ大きく変更したのは構成です。通常の母子健康手帳は、前半に妊娠期・乳児期・幼児期に関する健診などの記録ページ、後半に情報ページが掲載されています。前半は健診のたびに開くのですが、後半はもらったとき意外はほとんど開くことがないようです。そこで、必要な時期に必要な情報が届くように、記録ページと知識ページが時期ごとのセットになるように構成しました。

記念日の記録

乳児期のパパ力
誤飲にご用心
うんちチェック
"泣く"コミュニケーション
45

贈る言葉
連絡先一覧

開発コンセプト❷

お父さん！

二つめのコンセプトは「母子」から「親子」への変更です。男性が育児に参加するのが当たり前の時代にもかかわらず、「母子健康手帳」という名称に違和感を感じるという声が女性からも男性からも寄せられました。そこで、通称を「親子健康手帳」とし、さまざまな動植物の親と子どものイラストを描きました。さらに、「パパになる準備」「乳児期のパパ力」など、父親向けの情報も多数掲載することにしました。母子健康手帳をもらったお母さん（妊婦）がパートナーの男性に見せて読んでもらうことで、自然と育児について話す機会をもってもらうことがねらいです。「母のもの」と認識されがちな子育てを、「父を含めた親子のもの」であると捉えて、男性の積極的な育児参加を促すことを目指しました。

開発コンセプト❸

〝孤育て〟支援

産後うつの増加が表しているように、育児に関する精神的負担が大きい時代です。祖父母世代が育児に参加する現象が起きている一方、長年の核家族化、地域コミュニティの弱体化で、身の回りに子育てを支援してくれる家族・親戚・隣人のいない人が増えています。一人

プロトタイピング

で悩みを抱え込んでしまうお母さんが増えているのです。

この課題への対策として、「お祝いメッセージ」「記念日カレンダー」「育児の名言」など、お母さんの不安を軽減し、育児の喜びを感じることにつながるようなオリジナルコンテンツを盛り込みました。

また、育児の記憶を次世代の親となる子どもに継承していってほしいという思いをこめた「ギフトページ」を追加しました。子どもの独立、成人、結婚、妊娠などの節目に、親から子へ成長の記録が詰まった親子健康手帳をプレゼントすることを提案しています。

まず、見てもらおう

2011年2月にプロトタイプ版が完成しました。これを妊婦、子育て中の父母、そして保健師さんに見てもらい、改良点を抽出するワークショップを開催しました。開催場所は、都市部を代表して東京、離島・中山間地域を代表して島根県隠岐郡海士町としました。壁一面に全ページを貼り出し、「いいね」と思ったところにはピンクの付箋を、「少し気になる」と思ったところには青の付箋を貼ってもらい、評価点と改良点を洗い出していきました。同様の作業を保健師さんにもやっていただき、母子保健の現場からの意見もいただきました。

2サイズある!?

ワークショップの一番の収穫は、母子健康手帳のサイズに関するものでした。現在流通している母子健康手帳のサイズは２種類あります。Ａ６判とＢ６判です。９割以上の自治体がＡ６判を採用しています。もともとの妊産婦手帳が「手帳」という名称に合わせてハンドバッグに入るサイズを意図的に採用してＡ６判だったことがあり、その後もＡ６判が採用されてきたようです。そして、発行部数の多い一部の政令指定都市などでは独自に製作しており、一回り大きいＢ６判を採用しているところが多いようです。

僕らもＡ６判が良いのか、Ｂ６判がいいのか最後まで悩みました。つくり手側としては、

Case Study 3

日本の母子手帳を変えよう

少しでも判型の大きいほうが、盛り込める情報も増やせるうえに、読むときも健診時の書き込みにおいても、使い勝手がいいようにデザインできます。おそらく、そういう理由で独自製作の場合はB6判になっているのではないでしょうか。ただし、サイズの決定に生活者の意見が反映されたことはないようです。

僕らは両判型をつくり、お母さんの意見を聞くことにしました。実際に書きこんでもらったところ、おもしろいことを発見しました。東京のワークショップでは、すべての参加者（妊娠中・子育て中の女性）が小さいもの＝A6判を選択したのに対し、離島ではほぼ半々に分かれたのです。理由を聞いてみて納得しました。東京のお母さんは公共交通での移動が基本です。子育て中はとにかく荷物が多い。バッグを二つ持っている姿もよく見かけます。そのため、小さい手帳のほうが助かるのです。一方、地方圏の場合、子育て中の女性の移動手段は自動車中心です。そうなると、荷物の大きさはあまり気にならない。なので、書きやすい・読みやすいほうがいいのです。そう考えると、政令指定都市では大きなB6判が、それ以外では小さなA6判が普及している現状に疑問が残ります。このあたりからも、住民のニーズと現状の間に大きなギャップがあることを考えさせられました。結果として、僕らの母子健康手帳は小さいもの（A6判）を選択したのですが、将来的には両バージョンを用意して、自治体に応じて、もしくは個人に応じて選べるようにすることを考えています。

写真
（上）島根県海士町でのワークショップ風景
（下）東京都港区でのワークショップ風景

道を延ばす

POINT
時代の変化とともに、改善し、進化させる

図
採用自治体一覧
（２０１３年６月現在）

地域に合わせて、時代に合わせて

その後医師などの意見も聞き、さらに改良を重ね、２０１１年４月より配布を開始しました。まず島根県海士町、栃木県茂木町より正式採用をいただきました。また、東日本大震災の被害で母子健康手帳を紛失してしまった家庭が多数あるという連絡をいただいたため、釜石市、大船渡市、陸前高田市、福島県などに支援物資として提供させていただきました。

２０１２年４月からは93自治体、２０１３年４月からは１５８自治体と、さらに輪は広がっています。また、福島第一原発の警戒区域に指定された（２０１２年８月に見直し）福島県楢葉町から問い合わせをいただき、オリジナルの表紙で製作を行いました。楢葉町では妊婦さんのほとんどが町外で暮らしていました。それでも、楢葉町のことを忘れてほしくない、楢葉町生まれのアイデンティティを持ってほしい、そんな思いから、表紙に町のキャラクターと名物の鮭、白鳥、山百合を配したデザインとしました。この取り組みからは母子健康手帳というアイテムが地域の絆づくりにも役立つことを教えてもらいました。

今後も、日本発の優れた母子保健システムである母子健康手帳が、その時代時代の育児環境にふさわしいかたちのものとなるように、多くの親子の手にわたるように、さらなる改良を進めていくつもりです。

33 北海道
厚岸町 岩内町 恵庭市 奥尻町 音更町 北見市 共和町 島牧村 紋別市
清水町 天塩町 松前町 安平町 平取町 赤平市 名寄市 伊達市 真狩村
羅臼町 乙部町 遠軽町 利尻町 七飯町 東川町 沼田町 厚真町 古平町
上士幌町 神恵内村 上ノ国町 利尻富士町 洞爺湖町 新篠津村

18 東北
青森県：横浜町 西目屋村 六ヶ所村 おいらせ町
宮城県：塩竈市 登米市 富谷町
山形県：舟形町
福島県：三春町 伊達市 檜枝岐村 南会津町 塙町
石川町 葛尾村 矢祭町 双葉町 二本松市

19 関東
茨城県：河内町 高萩市 五霞町 土浦市
栃木県：結城市 塩谷町 下野市 益子町 茂木町
那珂川町 大田原市
群馬県：桐生市　埼玉県：ふじみ野市
千葉県：いすみ市
東京都：大島町 三宅村 東大和市 御蔵島村
神奈川県：三浦市

20 中部
富山県：黒部市
石川県：穴水町 七尾市 輪島市
福井県：越前市 鯖江市 高浜町
山梨県：早川町 南部町 昭和町 富士河口湖町
長野県：伊那市 駒ヶ根市 南木曽町
岐阜県：笠松町 富加町 美濃加茂市
静岡県：磐田市 掛川市 東伊豆町

18 関西
大阪府：泉南市 岬町 岸和田市
泉大津市 千早赤阪村
兵庫県：養父市 芦屋市 香美町
滋賀県：米原市 栗東市 草津市
近江八幡市 東近江市
奈良県：奈良市 川西町
三重県：鈴鹿市 伊賀市 津市

16 中国
島根県：江津市 知夫村 浜田市 益田市 海士町 津和野町
岡山県：鏡野町 勝央町 奈義町　鳥取県：伯耆町
広島県：福山市 庄原市 廿日市市
山口県：阿武町 平生町 上関町

7 四国
香川県：三木町 小豆島町　徳島県：海陽町
高知県：須崎市 土佐町 室戸市 土佐清水市

27 九州
福岡県：行橋市 嘉麻市 宇美町 那珂川町 春日市 上毛町　福智町
長崎県：壱岐市 大村市　佐賀県：嬉野市　宮崎県：小林市 諸塚村
熊本県：宇城市 阿蘇市 球磨村 あさぎり町 南小国町 和水町 山江村 宇土市 山都町 南阿蘇村
鹿児島県：天城町 龍郷町 喜界町 志布志市 瀬戸内町

Case Study 4

コミュニティトラベルガイド（福井県福井市他　2011〜）

社会課題

離島を襲う負のスパイラル

6つのケースの中で、これがもっともアイデアとアウトプットがわかりやすい事例でしょう。コミュニティトラベルガイドは「地域の人々との出会いを楽しむ旅の観光ガイド」というシリーズの書籍で、地域の大勢の人が大きな写真で登場します。しかし、実はこのシリーズが生まれる背景には、島々を歩き回るという体験と複雑な思考プロセスがありました。

シリーズ第一作の舞台は島根県海士町です。移住者が住民の1割を占め、まちづくりの成功事例として取り上げられる島です。僕らの仲間である西上ありささんが2年間移住していたこともあり、頻繁に呼んでもらい、統廃合の危機にあった高校の活性化など、有意義な仕事をいくつもさせていただきました。その関係で2〜3ヶ月に1回程度通いながら、「離島」という特殊な環境における仕事＝ソーシャルデザインの難しさを常々感じていました。

アイデア

POINT
アイデアは何気ない発言から生まれる

離島の自治体が他と決定的に異なるのは「陸続きではない」ことです。海士町の場合、本土の港からフェリーで4時間かかります。片道3150円しますが、船会社の経営は厳しい状態です。全国的に知名度の高い海士町行きの便ですら、たえず減便、廃止の危機にさらされています。東京から丸一日かけて通い、時間があるときには近隣の島（知夫島、西ノ島、隠岐の島）を訪れ、船に乗りながら、島を歩きながら、人の話を聞きながら、航路の問題のことをよく考えていました。そこで描いたのが離島の負のスパイラル地図（P101）です。航路の問題が地域の産業、福祉、教育などさまざまな面に悪影響をもたらしていて、それが負のスパイラルとなり、離島自治体を苦しめているのです。この状況を打破するために、自分に何ができるか？　そんなことを考えながら、海士町に通う日々を送っていました。

「人」を観光資源ととらえよう

「どうして海士町にはリピーターが多いんだろう？」

アイデアのきっかけは、海士町の魅力に関して話をしていたときの、何気ない仲間のひと言です。この島には素敵なリゾート施設があるわけでも、目玉になる自然遺産やグルメがあるわけでもありません。それでも、東京や大阪から丸一日かけてこの島に何度も通う人、住み着いてしまう人が後を絶ちません。リピーターやIターン者に話を聞いてみたところ、共通の理由が見えてきました。それは「出会い」です。彼らはみな、この島で宿のおばちゃん、漁師、行政マン、観光協会スタッフなど、さまざまな人に出会い、その人柄やライフスタイルに惹かれ、もう一度会うために訪れているのです。海士町に限らず、他の地域の状況を見ても、近年旅のスタイルが多様化しているようです。今まで一般的だった周遊型観光に対して、農業やエコツアーなどへの体験型を含めて、滞在型観光が見直されています。20世紀が地域の観光資源を消費するハード消費型観光なのに対して、21世紀は地域に根ざした人が提供する知識、関係性、技術などを学習・経験するソフト体験型観光なのかもしれません。

観光は、さまざまな他の地域産業と結びつき雇用を生む、地域にとって大切な産業です。観光客が安定的に来るようになれば航路利用者が増え、便数が維持・増加されます。すると、輸送コストが下がり、島の利便性が上がります。結果として負のスパイラルを断ち切ることができる可能性が生まれるのです。しかし、自然資源の汚染などの観光弊害も見逃すことができず、難しい側面もあります。ところがソフト体験型の観光ならば、受け入れる地域の人々のキャパシティを配慮すれば、リスクを低く抑えることができるのではないでしょうか。

そこで考えたのが「地域の人」を主役にして新しい地域観光を盛り上げる、そのための観光ガイドブックをつくるというプロジェクトです。当初の問題意識である、離島の立地的要

アウトプット

POINT

「わかりやすさ」は共感を呼ぶ原動力

因から始まる負のスパイラルの根本的な解決にはならないかもしれません。しかし、自分にできることから始める。その先にまた新しい可能性が見えてくるかもしれない、そんな思いから企画を始めました。

人がテーマのガイドブック『海士人』完成

アイデアが固まってから完成まではあっという間でした。というのも、この企画はわかりやすいのです。僕らはデザインを「美と共感の力で人の気持ちを動かす行為、社会にムーブメントを起こす行為」と定義していますが、人の気持ちを動かす原動力となるのが「企画がシンプルであること」。聞いただけで「いいね」と言ってもらえる「わかりやすさ」は優れたデザインの一つの条件です。「こういうガイドブックをつくりたいんだけど」と話をしたところ、多くの仲間の賛同を得ることができ、トントン拍子で企画が進み、11〜1月にかけて取材・撮影、2〜3月で編集・DTP作業を終え、2012年5月に出版されました。

出版後も、わかりやすさのおかげで多くの人のご支持をいただきました。自分たちの地域でつくりたいという申し出も多数いただき、「人が主役の地域観光」にニーズがあること、この企画趣旨が日本全国に通用するものだと実感できたのが何よりもうれしいことでした。

COMMUNITY
TRAVEL
GUIDE
VOL.1
海士人
隠岐の島・海士町
人々に出会う旅
人々との出会いを楽しむ
旅のガイドブックできました
英治出版

ようこそ 島留学
日本の未来を担う
若き隠岐人たち
隠岐島前高等学校

次の道

典型的地方都市・福井での新たな試み

いろいろなお話をいただいた中から、第二弾の舞台となったのが福井県嶺北地方（福井県の北半分、おたまじゃくし形をしている福井県の頭の部分）です。少子高齢化、人口減少、地場産業の衰退が進んでいる典型的な地方都市です。全国的に見ると知名度が低く、わかりやすい観光資源のない地域です。お隣の石川県金沢市が知名度も高く、北陸新幹線の開通を2015年春に控えて、活気づいているのとは対照的です（金沢〜福井〜敦賀間は2025年開通予定）。逆に北陸新幹線開通によって、金沢で観光客の流れが止まってしまうことが危惧されています。

決め手となったのは「人が主役の地域観光」というコンセプトを一段階進化させることができると感じた福井人との出会いがたくさんあったことです。『海士人』では、「地域の人＝地域の観光資源」ととらえて魅力を引き出すことを目指し、その目的は十分に達成できました。第二弾はそこから一歩進めたかったのです。せっかく「自分たちの地域でもつくりたい」という多くの声をいただいたので、外部の人間が取材・執筆するのではなく、地域の人による制作という試みに挑戦することにしました。一緒に取り組めそうな人と多数出会ったことが、福井でのこの新しい挑戦を後押ししました。

ワークショップ❶

POINT
住民の参加をよびこむプロジェクト設計

福井人が福井人を発掘！

地域住民がガイドブック制作に参加する仕組みとして、ワークショップ型のプロセスを採用しました。住民に『福井人』制作委員会メンバーになってもらおうというわけです。

第1回目のワークショップは、10月6日に福井駅前のAOSSA（商業ビル）で開催されました。「福井を盛り上げる新しいガイドブックを一緒につくりませんか？」と呼びかけ、公募したところ、31名の福井人（福井県在住、出身者）が集まってくれました。テーマは「福井人発掘」です。魅力的な「福井人」を一番知っているのは、「福井人」に違いありません。

まず午前中は、嶺北地方を5エリアに分割し、エリアに暮らす魅力的な福井人を「人財発掘シート」のフォーマットにそって、参加者にどんどんあげてもらいました。カニむき名人、東尋坊の飛び降り番人、恐竜博物館の名物館長など福井の観光資源を支える人から、ユニークな取り組みをしている歯医者さん、商店街のおやじなど、多彩な顔ぶれが約200名集まりました。午後はプロの編集者による「取材講座」です。参加者がアポをとり、取材・撮影し、記事を書く、そこまでかかわってもらうことを目指しました。取材方法を学んだ後に、二人一組で互いに質問を投げかける疑似取材も体験しました。最後に各自の取材対象者を決定し、次回は取材結果（メモと写真）を持ち寄ることとなりました。

写真　福井への思いが集まったワークショップ

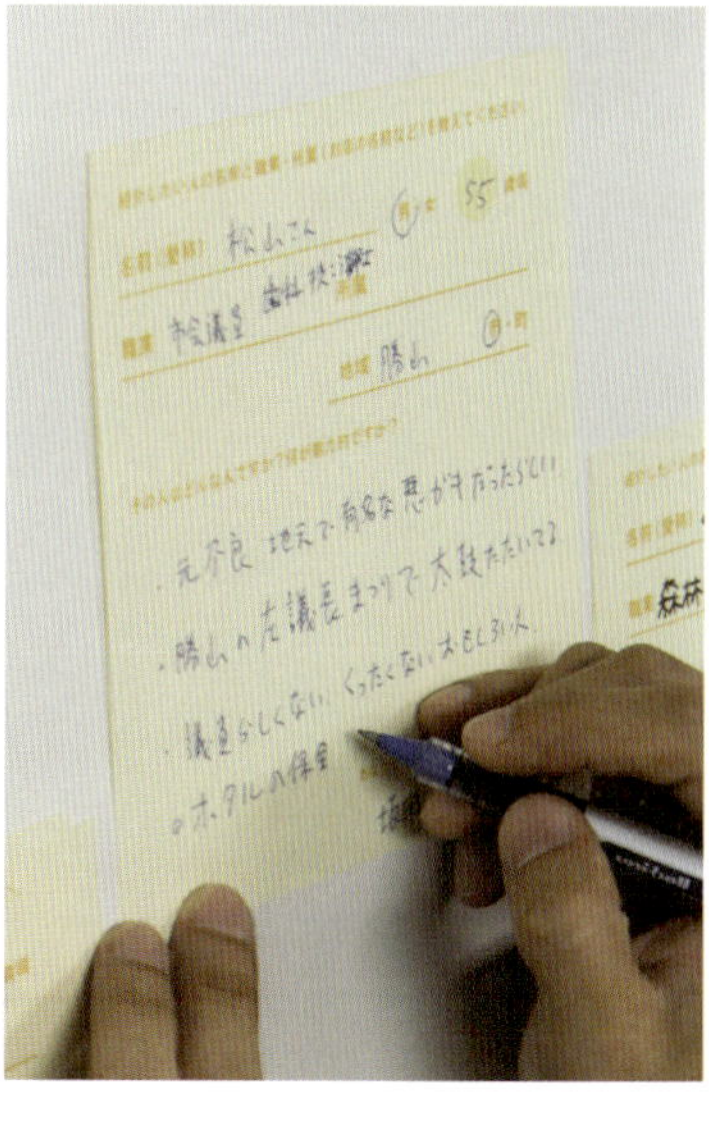

福井人が福井人を書く

２０１２年11月３日の第２回のテーマは「原稿執筆」です。プロのライターの指導のもと、参加者が取材メモと写真をもとに原稿を作成します。午前中は執筆フォーマットに基づき、取材した方のどんな点が魅力なのかを抽出し、書きたい記事の全体構造を整理する作業です。午後はこのフォーマットに基づいて実際に執筆してもらいました。本や雑誌の原稿を書くのははじめてという方が大半で大変な作業となりましたが、全員一丸となって原稿を書き上げることができました。

12月１日に行われた３回目、最後のワークショップのテーマは、「福井の旬」という特別コンテンツの制作です。夏は海水浴が、冬はスキーが楽しめ、春夏秋冬それぞれの魅力にあふれる福井ならではのおもしろい季節観があるはずだ、そんな思いから生まれた特別コンテンツです。まず、福井の冬といえば水ようかん。和菓子の季節として水ようかんは夏のものですが、暖かいこたつに入りながら冷たい水ようかんを食べるのが福井人の冬の楽しみです。その他にも、冬の街角に登場して信号待ちの市民に雪かきを促す「みどりのスコップ」、夏の風物詩「浜茶屋（いわゆる「海の家」のこと。日本海沿岸での通称）」、小学校でのカニむき英才教育などおもしろいエピソードがたくさん登場しました。

写真
特別ページを企画する
参加者と完成ページ

仲間をつくる

POINT

資金づくりは仲間づくり

地域スポンサー＝ふるさと納税の新しいかたちを目指す

『福井人』では、もう一つの新しい試みとしてクラウドファンディングを活用しました。目的は費用を集めることだけではありません。むしろ、それ以上に、このプロジェクトを支援してくれる仲間のネットワークをつくること、地域住民を巻き込むことが主目的です。福井で開催された全3回のワークショップには総勢50名の福井人が参加してくれました。しかし、リアルなワークショップは地理的・時間的・空間的制約が大きいため、参加できる人は限られます。そこで、プロジェクトに共感してくれる、何らかのカタチで参加したいと思っている方とつながる手段としてこの仕組みを活用することにしました。

また、ふるさと納税の新しいかたちをつくることも目指しました。ふるさと納税とは、希望する自治体に納税額の一部を寄付することで、寄付金のほぼ全額が税額控除される制度です。教育県・福井では、地元の高校生の多くが大都市の大学に進学します。そして、ほとんどが卒業後に故郷以外で就職してしまいます。福井を離れて働いている人の中にも、大好きな福井のために何かをやりたいという思いの人がたくさんいます。第二弾を福井でつくることを決めた理由の一つが、そんな在京福井人との出会いです。彼らに、このプロジェクトに出資をするというかたちで、一緒に福井を盛り上げてもらいたいと思ったのです。

写真（上）約３００名の方からの支援が集まる（下）フェイスブックで応援してくれる仲間をつのる

写真（次ページ）完成した「福井人」

クラウドファンディングのサービスの一つ、Ready for? のウェブサイトとフェイスブックから支援を呼びかけました。福井出身者、在住者などの福井人を中心に応援・共感してくれる人はどんどん増え、人づてに支援の輪は広がって行きました。その結果、２０１２年10月〜12月の３ヶ月間で合計２９０名の方からご支援をいただくことができました。

COMMUNITY
TRAVEL
GUIDE
VOL.2
福《ふく》井《い》人《じん》
福井県嶺《れい》北《ほく》地方
人々に出会う旅
人々との出会いを楽しむ旅のガイドブック第二弾！
英治出版

祭のためなら何でもござれ
ホルモンラヴァーズ
とんちゃんを愛でる会歴代会長

自殺の名所、東尋坊を巡回する
「ちょっと待て！」おじさん
茂幸雄

Our culture - "Kotatsu de Mizuyoukan"
こたつで"水ようかん"
水羊かん

発売&発刊記念「シャッター街写真展」開催！

こうして福井人の知恵と誇りと熱意の結晶である『福井人』は完成し、2013年4月に出版されました。福井県内だけ1週間先行発売することとしました。応援してくれた福井の方々へのささやかなお礼の気持ちです。また、完成を地元のみなさんと共有したい、興味を持ってくれる人が増えてほしいという思いから、出版記念イベントを企画しました。

福井駅前には、大半の店が閉まってシャッター街化した商店街があります。福井人の制作を通じて、この商店街を元気にするために頑張っている人たちにたくさん出会いました。商店街の路上にこたつを敷き詰めて路上宴会を開催するきちづくり会社のみなさん。華やかな水ようかんのパッケージを100点以上展示している「水ようかんギャラリー」を主催する若者。さまざまな人が知恵を絞り、商店街を盛り上げています。彼らの多くがプロジェクトに参加してくれました。発売を機に、ここで福井人のみなさんと一緒に何かできないか？そう考えた結果生まれたのが、この写真展です。

企画内容はいたってシンプルです。『福井人』に掲載したポートレートを大判出力して、商店街のシャッターに展示するというものです。発売前日に設置を手伝ってくれる人を募集したところ、平日にもかかわらず約20名が参加してくれました。シャッターの汚れを落とし、一つひとつ吊り下げていきます。3時間程度かけて完了したときの、みんなのうれしそうな顔が印象的でした。

それ以外にも、地域のみなさんがいろいろと力を貸してくれました。地元メディアに掲載を呼び掛けてくれたり、バスの中吊り広告を提供してくれたり、土産物店や雑貨店で『福井人』を取り扱ってくれたり、一人ひとりの行動が福井県内に大きなムーブメントを起こしたのです。その結果、県内の書店の週間販売ランキングで2位となり、初版はあっという間に売り切れ、増刷が決まりました。まさに地域社会が課題解決に向けて動いたのです。

写真
シャッター街写真展の設営と完成の様子

多くの道

写真 ワークショップで集まった三陸人の情報

可能性：震災復興、TPP、中心市街地衰退、世界遺産登録

その後も、コミュニティトラベルガイドの新しい企画が続々と誕生しつつあります。第三弾は『三陸人――復興を頑張る人々を応援する旅』です。三陸海岸は、東日本大震災の被害がもっとも大きかった地域です。地域の主要産業は漁業をはじめとした一次産業およびその製造・加工業ですが、船舶や港、工場などの施設が津波の大きな被害を受けました。復興に欠かせないのが、産業振興すなわち仕事をつくることです。観光業は農業、漁業、製造業、旅館業、運輸業など、地域のさまざまな産業への波及効果が大きいため、少しでも厳しい状況のなかで頑張っている人々を応援できればと思います。

その他にも、中心市街地の衰退が進む城下町、外国産農作物との戦いに苦しむ農業地帯、世界遺産登録の一時的ブームに危機感を強めている観光地など、いろいろな地域で新しいプロジェクトが動きつつあります。

日本の各地域はさまざまな社会課題を抱えています。その課題解決の一つの手段として「人」を主役に地域の観光産業を盛り上げるというこのプロジェクトが今後も役立つことを願っています。

Case Study 5

日本婚活会議（群馬県嬬恋村他　2012）

社会課題

男性3人に1人、女性4人に1人が結婚しない未来

みなさんの身の回りにも結婚適齢期（もうこの言葉が過去のものかもしれません）でありながら、結婚しない男女が増えているのではないでしょうか。2010年の生涯未婚率（50歳時の未婚率、結婚したことがない人の割合）は男性16％、女性10％と1割を超え、2030年には男性3割、女性2割になると予測されています。結婚するかどうかは、個人の自由です。しかし「結婚したいが、機会に恵まれない」人が増えているのは問題です。結婚相談ビジネスや「婚活」イベントなどが近年増えているのは、望んでいる人がいる証拠です。

未婚者の増加は、特に地方経済に大きな影響を与えています。農業、漁業などの一次産業や工芸品などの伝統産業では、嫁不足は後継者不足に直結します。大都市圏よりも地方で人口減少・高齢化が進んでおり、結婚・出産・定住してくれる若者が強く望まれています。

「出会っても、結ばれない」

解決策としてさまざまな婚活イベントが開催されています。地域性を活かして農業体験をしたり、地元食材で料理をしたりと工夫をこらしたものが多数見られます。最近話題になったのが「街コン」です。街の中の飲み歩き・食べ歩きと合コンが一緒になったもので、いくつかの店を回りながら、いろいろな人と出会い、会話を交わすという仕組みです。

男女の出会いの場をつくり、結婚への後押しをするための企画がいろいろなかたちで開催されています。しかし、自治体の担当者や婚活関連のビジネス関係者に話を聞くとみんな同じことを言います、「なかなか成約（結婚）しない」と。

そこで、なかなか結婚に至らない理由を探るために、独身の男女に対するインタビューを開始しました。インタビューは、東京を中心とした都市部および過疎化が進んでいる離島の2ヶ所で行いました。なお、このプロジェクトは女子学生の人材教育に取り組むＮＰＯ法人ハナラボ（http://hanalabs.net/）と協働で行い、独身男女へのインタビューは主に女子学生に担当してもらいました。首都圏30名、離島10名のインタビューを行った結果、見えてきたのは「社交機会の減少と社交力の低下」です。その発見につながった2名のプロフィールを紹介します。

【首都圏在住、38歳男性、製薬会社の研究員】
家族構成：両親と妹。長男。
経歴：地元の高校（男子校）から地元の大学、大学院を卒業後、東京の製薬会社に就職。
恋愛経験：学生時代からずっと周りに女性が少ない環境で育ち、女っ気がまったくない。いつかは結婚したいと思っているが、縁がないままここまで来てしまった。飲み会はあっても、その先に発展しない。両親からのプレッシャーにそろそろ結婚しなければと思っている。
趣味：音楽が好き。音響システムに凝っていて、部屋には立派なスピーカーを設置している。
性格・人間関係：真面目で遊びを知らないタイプ。友だちとつるむよりも一人で行動することが多い。同級生に誘われれば飲みに行くが自分で企画することはない。

【離島在住、31歳男性、建設会社の現場作業員】
経歴：高校卒業後、本土の建築系の専門学校へ。島に戻り、地元の建設会社に入社。
恋愛経験：高校でも専門学校でも彼女はいたが、ともに3ヶ月くらいで別れてしまった。ルックスは悪くないのでもてるほうだが、最近は出会いも少なく、恋愛がおっくうに。
趣味：磯釣り、ジェットスキー、パチンコ。
性格・人間関係：甘えん坊。いつも決まった男友だち数人とつるんで遊んでいる。会社の人とのつきあいは薄い。仕事にはそれほどやりがいを感じていない。

二人に共通しているのは、男女を問わず多くの人とともに行動する、共同作業をする機会が少ないことです。離島・中山間地域のような比較的コミュニティがしっかりした地域では、数十年前までは嫌というほど地域の行事がありました。離島在住の男性の地域では、彼の数歳年上の世代まで町の青年団の集まりで演劇をする習慣がありました。同年代の男女が集い、性別に関係なく喧々諤々の議論を交わし、徹夜で練習する。恋心も生まれ、それをネタに同性同士で盛り上がる。時にはカップルが生まれ、時には失恋する。そんな濃いコミュニケーションの機会がありました。

しかし、最近は会社でも、上司や先輩に連れられて嫌々でも飲みに行く、社員旅行の運営を命じられてうるさい先輩に文句を言われながら場を仕切る、そんな機会もどんどん減っているようです。建設業のような職場では、仕事後の「飲みニケーション」は当たり前かと思っていたのですが、どうやらそうでもないようです。ほとんど飲みに行く機会はなく、仕事の後には一人でパチンコに行くのが日課だとのこと。

このように日常生活の中で密に人とつきあう機会が減っていることで、結婚適齢世代の社交力が低下しているという仮説が見えてきました。その結果、男女の出会いの場である「婚活パーティー」「合コン」「お見合い」で一向に話が盛り上がらず、次の段階に進まないという現象があちこちで起きているようです。

プロジェクトイシュー

POINT
曖昧な課題を、研ぎ澄まされたイシューに

婚活に必要な社交スキルを補う

婚活ビジネスが活況を呈しているように、「出会いの場」は十分あるのです。しかし、その場で男女の交流がうまく機能していない、すなわち「社交の場」として成立していないというイシューが見えてきました。

「社交の場」として機能するとはどういうことでしょうか。人と人とが関係を持つとき、何度も会話を重ね、行動をともにすることで、まったくの他人と社会的な関係をかたちづくっていきます。そして、相手の考え方や性格を理解して、ある種の感情を形成します。ところが、「出会いの場（合コンやお見合い）」では、他者と短時間で関係をつくるための高度な社交スキルが必要です。出会いの場をいくつか観察した結果、「お互いを知るために、何を話したらいいのかわからない」というごく基本的なスキルの欠如が見えてきました。

そこで、「出会った男女が互いの趣味嗜好、価値観を表現し、お互いをよく知り合えるようにするために、何が可能か」というプロジェクトイシューを設定し、アイデア出しに挑戦しました。その際にまず「仲間同士で時間を忘れて盛り上がる話題は何か？」「初対面の人と話す合コンなどで楽しかった・会話が盛り上がったのはどんな場か？」など、自分たちの身近な問いに置き換えて、自分ごととしてアイデアを出すことにしました。

ブレイン
ストーミング

POINT
アイデアはみんなで、
大量につくる

「二者択一」は盛り上がる

アイデアを数多く出しているなかでブレイクスルーにつながったのが、「男の人って『私と仕事のどっちが大切なの』って聞かれるの嫌いだよね」という、あるメンバーのひと言です。女性中心のチームだったこともあり、この話題が盛り上がったのです。そして発見したのが「A or Bという、人によって考えが二分される話題は盛り上がる」ということです。

恋人と電話で話すのは？	A 毎日	B たまに
恋人以外の異性にメールでハートマークを使う	A あり	B なし
映画館で恋人が隣で居眠り	A 許せる	B 許せない
待ち合わせで30分以上の遅刻	A 許せる	B 許せない
昔の恋人からのプレゼント。別れた後は…	A 捨てる	B とっておく

これらの質問はどれも他愛のないものです。しかし、自分と同じ答えの人には「そうだよね」と共感して、逆に異なる人には「え〜なぜ？」と理由を尋ねたくなります。そして何よりも、口下手な人でもこんな他愛のない二者択一なら話しやすいのです。ここに会話の糸口

となる可能性を感じたため、とにかく二択にできる質問を多数出すことにしました。

社会人メンバーの一人が「私は彼とトイレの便座の上げ下げで大喧嘩したんですよね。それが結婚まで考えたのに、別れた原因の一つだったかもしれない」と語り始めました。彼が用を足した後に便座を下げないことが本当に許せなかったとのこと。恋愛とは直接関係がなくても二者択一の話題はいろいろあるようです。そこで、8名のチームメンバーで幅広くブレストを行ったところ、二択の質問は約500にものぼりました。その中には次のようなものも含みます。

トイレの中で読書は？	A　あり	B　なし
本の帯は？	A　捨てる	B　つけたまま
箸のもち方に…	A　こだわる	B　どうでもよい
飴（あめ）を…	A　噛む	B　噛まない
酢豚にパイナップル…	A　許せる	B　許せない

恋愛とはまったく関係がない、けれどもその人の人となりや価値観が見えてくる質問というのは実にいろいろあるものです。

写真
二択の質問が記された
カード

ブレストで出た質問を活用して、婚活の場で楽しめるプログラムとツールの企画を始めました。山手線ゲームのような準備なしでできるもの、トランプのような定番のカードゲーム、人生ゲームのようなボードゲーム、スマートフォンのアプリやネットゲームなどのデジタルツール……二者択一の質問を使って実現可能なデザインのかたちを模索しました。

その結果、たどり着いたのが一枚のカードに二者択一の質問一つが書かれているというシンプルなカードゲーム、名付けて「恋札」です。盛り上がる、だれもが答えやすいという視点で約200の質問に絞り込み、カードゲームのプロトタイプを制作しました。

次に、どんな遊び方がふさわしいか、カードを使ってシミュレーションしながら議論を進めました。その議論の際に参考になったのが、ある海外の心理学者の結婚理論です。男女が出会ってから結婚に至るまでには6つのステージがあるそうです。

1. 類似性の認知：価値観、興味、関心などについて二人の共通点を認識。
2. 望ましい関係を築く：楽しみを共有し、相互理解が進む。
3. 自己開示：自分のことについてありのままに話す。自分をオープンにする。
4. 役割取得：二人が互いに助け合うように役割に沿った行動をとる。
5. 役割適合：その役割がうまくかみ合うようになる。
6. 結晶：二人の関わり合いを認め、二人で一つの単位として行動する。

写真
バレンタインパーティーでの実験風景

二者択一の質問を使った複数のゲームを遊びながら、このステージを少しずつ上がり、仲が深まっていくというプログラムはどうだろうということで、4つの遊び方が生まれました。

【ゲーム1　似たもの探し】

二者択一の質問を参加者全員に投げかけます。参加者はAもしくはBの該当する札を掲げます（もしくは2つのゾーンに分かれます）。場全体でどちらが多いのか、自分と同じ回答の人がだれなのかが緩やかにわかります。

【ゲーム2　理想の恋人紹介】

各テーブル5〜6名で行うゲーム。山札から一人5枚のカードを配り（1回だけ手持ちの札を交換可能）、その5枚の中から3枚を使って、強制的に自分の理想の恋人を表現します。たとえば「私の理想の恋人は『電話はたまにでよく』て、『一人で外食するのが好き』で、『虫が苦手』な人です」という具合です。「どんな人が好みか？」と聞かれてもなかなか答えられなくても、これならばだれもが答えられます。

【ゲーム3　恋のツボ探し】

親になった人が、ある質問に対して他のメンバーがどちらを選択するかを当てるゲーム。予想があたった人からはカードをもらえ、最終的に手持ちのカードの多い人が勝ち。自分のことを知ってもらう、意外な一面をわかってもらうことのできるゲームです。

【ゲーム4　男女の相性診断】

1対1で行うゲーム。山から10枚カードを選び、相手との回答の違いを楽しみます。

写真
（上）理想の恋人紹介
（下）男女の相性診断

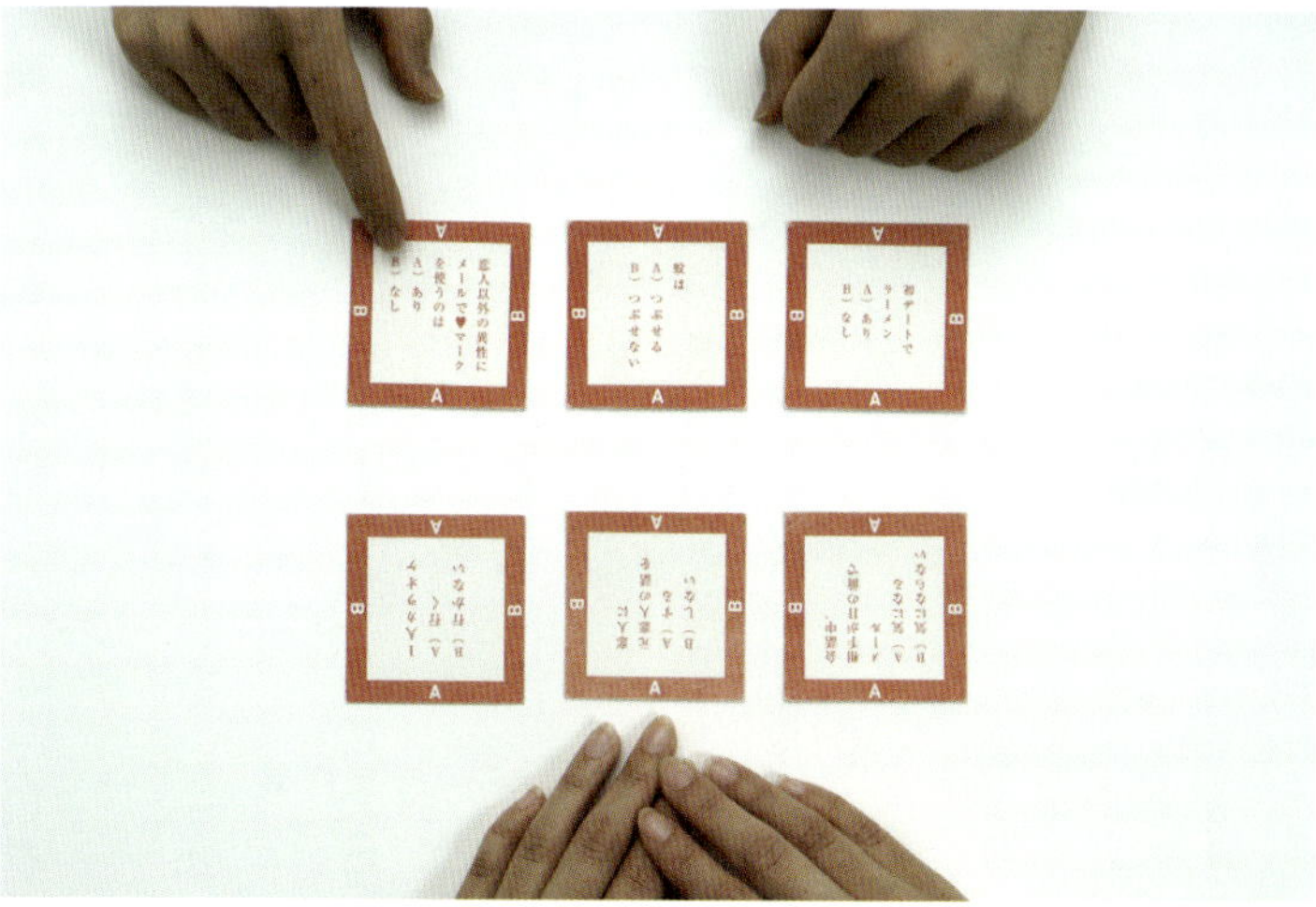

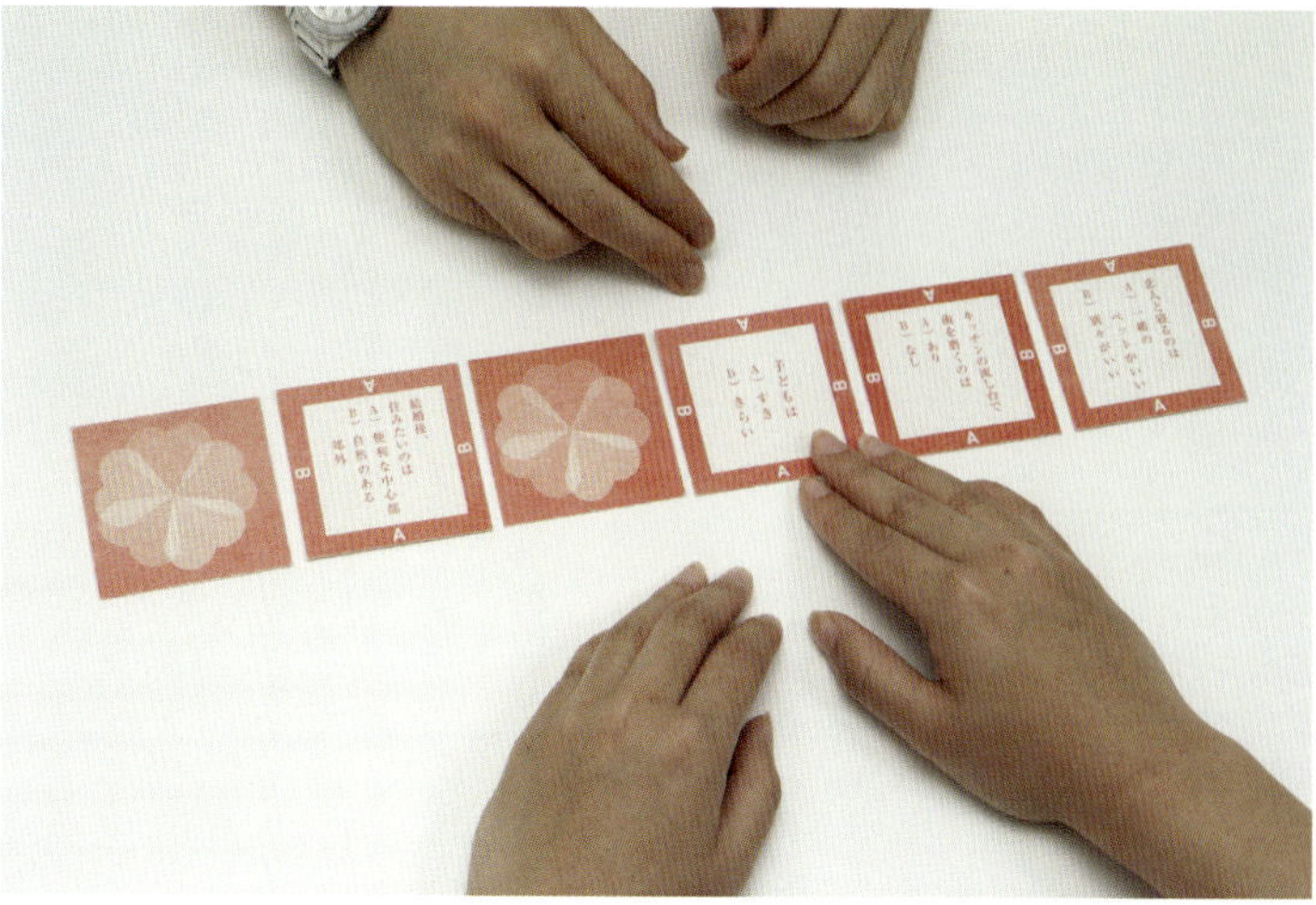

アイデアの具体化

POINT
つくって、ためして、考える

婚活のためのワークショッププログラム

カードの使い方を詰めつつ、平行してこのツールの展開方法の企画も始めました。展開方法を考えるにあたって、大学生のイベント、行政の方が参加するまちづくりワークショップ、小規模な婚活パーティーなど、さまざまな場でいろいろな人に試してもらったところ、遊び方からカードの形状など、改善点が次々に見えてきました。同時に、ファンがどんどん増えていったことに自信が深まりました。このカードを楽しんでくれて、「自分の周りでもやってみたい」「お見合いの場で使ってみたい」など、うれしい言葉を多数いただきました。

そこで、このカードを単なるカードゲームに終わらせるのではなく、「結婚」という問題に真剣に悩み、解決策を求めている地方自治体向けに、若い人を中心とした住民が婚活に必要な社交力を学ぶためのワークショッププログラムとして運営することにしました。基本プログラムは以下の通りです。

ステップ1　地域の結婚事情の把握

地域独自の結婚の課題、障壁、婚活のターゲットを探るための基礎インタビュー（行政関係者および地域の未婚男女）を実施します。

ステップ2　オリジナル恋札の作成

明らかになった婚活ターゲットの社交力を高めるために、地域事情に合ったオリジナルの二者択一の質問を盛り込んだ「恋札」を制作します。

ステップ3　婚活支援人材育成講座

「恋札」を活用して、地域で婚活ワークショップを継続して実施してくれる人材（婚活コーディネーター）を育成する講座を開催します。

ステップ4　婚活ワークショップの開催

設定した婚活ターゲットの男女約30名参加による、ワークショッププログラムを開催します。開催後にはオリジナル恋札を地域に贈呈します。

地域に根差したプログラムをつくり、地域にこのプログラムのファンをつくる。そして活動の担い手をつくり、1回限りの開催ではなく、地域の自主運営によって持続的に開催できるようにする。つまり、コミュニケーションや社交の「場」を生み出して残そうという発想です。このプログラムが、婚活を考える契機になるとともに若い男女の関係を活性化していく自治体主導の「場」となり、日本全国で開催されていくことを目指して「日本婚活会議」と名付けました。

第一回日本婚活会議＠嬬恋村

東京都内での数回のプレイベントの後、２０１２年12月に第一回日本婚活会議が群馬県嬬恋村で開催されました。嬬恋村では毎年婚活イベントを開催していましたが、その内容に四苦八苦していたとのこと。近隣のホテルを会場に男女30名が参加したワークショップは、今までにないほど盛り上がりを見せたという高評価をいただきました。

このゲームは、勝ち負けはどうでもいいのです。お互いの共通点を見つけて心が近づいたり、意外な一面を知って見直したり、交流を活発にすることが最大の目的です。どうやらこのワークショップから、結婚につながりそうなカップルが生まれたようです。第二回目以降もいくつかの自治体で企画が進んでいます。「出会いの場があっても、その場が盛り上がらない」という婚活の課題にある程度は応えることができたようです。ただし、この活動が地域の結婚増加に大きく貢献するためには、まだまだ仕組みや場づくり全体に工夫が必要です。

現在は第二回の開催に向けて、プログラムの見直しを進めています。男女が別々に婚活の課題やマナーを学ぶ講座、子どもに結婚を望む親向けのプログラムなど新たなプログラムを導入する予定です。日本婚活会議の挑戦はまだまだ続きます。

写真
嬬恋村男子と村外女子
参加の第一回婚活会議

Case Study 6

認知症＋ARTワークショップ（熊本県熊本市　2013）

社会課題

高齢社会と認知症

厚生労働省の推計によると、認知症の高齢者が10年間で倍増し、2012年は462万人を超えました。認知症と正常な状態の間の軽度認知障害の高齢者も約400万人いると推計され、合わせると65歳以上の4人に1人が認知症とその〝予備群〟となる計算です。

「認知症とは、いろいろな原因で脳の細胞が死んでしまったり、働きが悪くなったためにさまざまな障害が起こり、生活するうえで支障が出ている状態（およそ6ヶ月以上継続）を指します」（厚生労働省）。中核症状として、記憶障害、見当識障害、理解・判断力の低下、実行機能の低下などがあり、周囲の人にとって暴力的な言動や徘徊、妄想などが重くのしかかる場合があります。また、世界全体でも、2050年には1億1540万人にまで至ると予想されています（国際アルツハイマー病協会2009年発表）。

動き出すきっかけ

ワークショップの出会いがくれた朗報

親戚や知り合いで患っている人がいることもあり、「認知症」というテーマには長年興味を持っていました。メディアなどで耳にする機会が多く、日本人にとって身近なテーマです。しかし、なかなかその実態が見えず、誤解や偏見が多い病であることが気になっていました。

2011年頃から、小規模なリサーチを続けていましたが、なかなか糸口がつかめず、本格的にプロジェクトを始めるまでには至っていませんでした。

そんなとき一つの出会いがありました。熊本市の認知症専門介護施設「あやの里（http://www.ayanosato.net）」の副代表をつとめる岡元奈央さんです。彼女は介護施設の跡取りとして育つものの、数年前までは航空会社のキャビンアテンダントとして勤務し、介護とは無縁の生活を送っていました。認知症介護の世界に足を踏み入れようと一念発起し、仕事を辞めて実家に戻り修行を始めたところ、あまりにも認知症介護の世界が閉鎖的なことにショックを受けたとのこと。この世界が抱えている課題を多くの人に知ってもらいたい、そして、他の分野の力を活用することで解決できることがあるに違いないと思い、僕らが神戸で開催していたワークショップに参加してくれました。熊本からわざわざ全5回のセッションに参加し、「無縁社会（孤独死）」というテーマでデザインの提案をしてくれたのです。

アイデアのヒント

POINT
優れたものを積極的にまねる

アートが認知症患者にもたらすもの

岡元さんから、一般社団法人アーツアライブ（http://www.artsalivejp.org/）が実施しているＡＣＰ（アートコミュニケーションプロジェクト）という認知症の方とその家族や介護士を対象としたアートプロジェクトの話を聞きました。彼女からアートの力を使った認知症への取り組みは海外でかなり普及しているということと、これからＡＣＰの講座を受講するという話を聞き、俄然興味がわきました。

認知症患者は記憶や見当識に障害があるものの、「美しいもの」に対する感受性は損なわれていないことが多いそうです。逆に、子ども時代に戻ったような状態になるために、純粋に「美しいもの」を「美しい」と思って楽しむことができるとか。ニューヨーク、キャンベラなどの海外の美術館では、認知症患者が館内の作品を観覧しながら作品の感想や解釈を語り合うワークショップが開催されているようです。

認知症介護の現場にいる岡元さんの話が印象的でした。認知症患者は、日常生活の中で何か言葉を発したとき、記憶障害、見当識障害によって「間違っている」「おかしなことを言っている」などと否定されることが多いため、自分の意見などを言うことへの拒否感、抵抗感が生まれ、次第に口を閉ざし、自分の中の狭い世界に閉じこもりがちになるとのこと。アー

調べる!

ト作品に対する個人の印象の持ち方に、正解や制限はありません。その人が感じたこと、思ったことを素直に表現していいのです。アートを観て感じた心の動きを言葉で発する、そんな経験が認知症患者の精神状態の安定をもたらし、安眠（昼夜逆転や夜の徘徊は典型的な症状の一つ）、結果としての幸福感、ＱＯＬ（生活の質）の向上につながるという効果が、岡元さんの話や海外の事例から見えてきました。そして、患者の精神状態の安定は介護する家族の幸せに直結するはずです。アートの力で認知症患者と家族の幸せに貢献できる、そんな可能性を感じ、岡元さんと彼女が副代表を務める認知症専門介護施設との共同研究というかたちでプロジェクトを始めることにしました。

海外の先行事例から学んだこと

日本でアーツアライブが実施しているプログラムもニューヨーク近代美術館（ＭＯＭＡ）のものを元にしているとのこと。認知症の方と介護者10名程度が参加し、館内を歩きながら絵画、彫刻、写真などのアート作品を鑑賞し、エデュケーターから投げかけられた質問をもとに対話するという内容です。このプログラムは素晴らしいと思ったものの、美術館で実施することには難があると感じました。まず、参加できる患者が限定されることです。観覧に

事例で発想する

POINT

地域事情に合わせてアレンジする

適した展示物がある、つまり収蔵作品数が多い大規模美術館のある大都市でしか開催できず、しかも、かねてから美術館に慣れ親しんでいる患者にしか参加の可能性がないのではという懸念があります。認知症に苦しむ人は、高齢化率の高い地方都市圏に多いのが実状です。美術館という場所で、大勢の人の中で、リラックスして絵の感想を述べてもらうように導くことは、かなり困難だと感じました。アーツアライブも、グループホームやデイサービス等の高齢者施設内でプログラムを実施しているとのことです。こうしたポイントを考慮して、地域の介護施設で行えるプログラムを検討・実施してみることにしました。

どこでも実施できるものにするためには?

「美しいものを見てもらい、認知症患者の感性に訴える」というコンセプトを守ったうえで、それを全国の介護施設で開催できるものにするための企画を議論しました。介護施設で実施するとなると、美術館の絵を持ち込むのは困難です。絵画作品の代案となるものを探した結果、一般的な写真を使うのはどうだろう、という意見が挙がりました。素晴らしい写真には絵画同様に、人を感動させる力があります。写真なら選択肢が豊富で、プライベートの使用であれば複製も容易です。サイズも融通が利くため、どんなスペースでも実施できます。介護施設の規模や参加者の人数、地域などに応じた柔軟なプログラムを開発できそうです。

続いて、どんな写真を使い、どんな質問を投げかけるのかという議論に移りました。各自が写真素材を持ち寄り、議論を重ねた結果、2種類の写真に可能性が見えてきました。

一つは多くの高齢者になじみのある写真です。たとえば、満開の桜の写真、晴れ晴れとした富士山の写真、おごそかで華やかな結婚式の写真など、だれもが見覚えのある風景や光景の写真を使って、過去の記憶とひもづけていろいろな話をしてもらおうという試みです。認知症の心理療法の一つに回想法というものがあります。高齢者の思い出に対して共感的に受け入れる姿勢をもって意図的に働きかけることによって、人生に対する再評価や自己の強化を促し、心理的な安定や記憶力の改善をはかる療法です。回想法は、専門家による療法だけではなく、介護施設などのワークやアクティビティとして広く活用可能なことから応用できると考えました。

もう一つは非日常的な風景の写真です。たとえば、夜空にオーロラが輝く幻想的な写真、エメラルドグリーンの海とサンゴ礁の写真、物語が潜んでいそうな中世ヨーロッパの町並みの写真などです。旅へ誘うような風景は人の想像力に訴えかける効果があるように思います。こちらの写真は、認知症患者の感性や想像力に働きかけ、日常生活から離れた情動を引き出す効果が期待できます。

写真展×ワークショップをやろう！

2種類の写真を使って二つのプログラムを行うワークショップを設計することにしました。最初のプログラムは「日本の歳時記」をテーマにした、回想法的な効果をねらったものです。日本人であれば多くの人の思い出の1シーンとして記憶の中にあるようなもの、自分の過去の経験値をもとに話をしやすいものという基準で全10枚選択しました。こちらは、写真を見て言葉を発するという慣れない作業のアイスブレイクの位置づけも兼ねています。

二つめのプログラムのテーマは「世界旅行」です。遺跡、自然、夜空、城、町並み、動物など、想像力を刺激するような世界中の風景写真を集めました。こちらはできるだけ日常生活とは関係がなさそうなもの、異空間を旅するというイメージがわいてきそうなものを選択しました。

参加者は1セッション5名。質問の作成と全体の進行は当時ACPの講座を受講中だった岡元さん。各セッション1~2名の介護職員に患者さんのサポートをしていただくことにしました。時間は認知症の患者の方が一つのことに集中できる限度の時間ということで1時間としました。

写真
ワークショップで使用した風景写真

プロトタイピング

POINT

社会課題の現場でプロトタイピングする

患者さんに体験してもらう

プログラムの効果を検証するための実験ワークショップを2012年2月に開催しました。主な検証ポイントは次の5点です。

1. 写真：海外で実績のある絵画ではなく、一般の人が撮影した写真を用いることが効果的か否か。どんな写真が認知症患者の気持ちを動かし、言葉を引き出すことができるか？
2. 二つのプログラム：「日本の歳時記」と「世界旅行」、2本立てのプログラムが効果的か？それぞれの適切な運営方法は？
3. ファシリテーション：どんな質問をどんな順番で投げかけるのが効果的なのか？特別に注意すべきポイントは？
4. 運営体制：実施するのに適した場所や環境、必要な機材、スタッフのスキルと人数は？
5. ワークショップ後の影響：終了直後、その日の夜、翌日以降の患者さんの状態は？

同日に2回（13時～14時、15時～16時）のワークショップを行い、一回目のやり方を即座に検証した後に、改善点を考慮し、二回目に取り組むことにしました。

ファーストセッション（13〜14時）

開始前に、写真展開催中のギャラリーのように会場をしつらえて、患者さんを迎え入れることにしました。慣れ親しんだ介護施設内なのですが、アートを楽しむという、ちょっとした非日常感を味わってもらうための仕掛けです。5名の参加者が徐々に集まってきました。参加者のほとんどの方が会場の中に入ったときに、少し驚きが混じった笑顔になってくれたのが印象的でした。毎日の生活がどうしても同じことの繰り返しになりがちな患者さんにとって、こうしたアートに触れる機会そのものがうれしい体験のように見受けられました。

当初は、患者さんに着席してもらって、ファシリテーターが1枚ずつ写真を見せて、意見を引き出す進行を予定していました。ところが、予想外に写真展形式が盛り上がったので、予定を変更して、しばらく思い思いに写真を眺めてもらって、その状態で自由に話してもらうことにしました。結婚式の写真をみて、「私は満州で結婚式をあげたの。留袖だったんです」と自分の結婚式について語り出す方（91歳女性・要介護度1・認知症レベルⅡ）、おせち料理の写真を見て、「昔はカズノコがたくさん獲れて安かったから、おせちに入れていて……」と話しだす方（92歳女性・要介護度1・認知症レベルⅡ）など、昔話に花が咲きました。みなさん、歳時記の写真を見て楽しそう。目的の一つでもあったアイスブレイクの役割を十分果たすことができました。

続いて、プログラムB「世界旅行」へと移りました。5人の患者さんと白衣を着た介護職員の方が岡元さんを囲むように座りました。「これからみんなで世界旅行に行きましょう！」というファシリテーションののち写真を見せていくと、1枚ごとに「お〜！」「キレイ〜！」などの歓声があがりました。ペトラ遺跡（ヨルダン）とラクダの写真を見せると「ラクダにはひとこぶとふたこぶがあるんです」と語る方（88歳女性・要介護度1・認知症レベルⅢ）、夜空に輝く緑色のオーロラの写真を見て、「おいしそう！　これは昆布みたいね」と想像力豊かな意見を言う方（90歳女性・要介護度3・認知症レベルⅡ）、アフリカのサバンナとゾウの集団の写真を見て、「アフリカゾウの夫婦と子どもだね〜」と愛おしそうに話す方（93歳女性・要介護度1・認知症レベルⅡ）などなど、思い思いに写真の感想を述べてくれました。普段から付き添っている介護士の方によると、耳が不自由で周りの人の話がほとんど聞こえないため、自分の世界にこもりがちな方がゾウについてコメントしたり、イキイキと自分の感想を述べているのにびっくりしたとのこと。

始まる前は「写真にまったく無反応だったらどうしよう？」「反応がない写真はどんどん飛ばしましょう。予備を用意しておきますから」など、反応が出ないことを危惧していましたが、みなさん楽しそうで、思った以上に対話が盛り上がり、時間はあっという間に過ぎて、セッションは順調に終了しました。

セカンドセッション（15～16時）

ファーストセッションが終わった後にスタッフ全員で振り返り、2点ほど改善してみることにしました。一つは進行方法です。ファーストセッションでは、参加者が写真展を見ながら自然と話をするという流れができ、それが一つの方法論として効果的なのはわかりました。ただし、一人ひとりが思いのまま歩き回っていたため、全員で話す場を形成できませんでした。そこで予定していた通り、全員が着席して試してみることにしました。また、写真も予備で用意していたものと入れ替えることにしました。最初のセッションでは、反応が悪いかもしれないと思っていたおせち料理の写真、お花見の写真の反応がよく、予想に反して子どもの運動会の写真、防災訓練の写真には反応がありませんでした。そこで、雪景色、潮干狩りなどの新しい写真を数点入れてみることにしました。

結果、「日本の歳時記」の鑑賞では、着席してのスタートは見事失敗に終わりました。患者さんは少し硬い表情で座っておられ、なかなかリラックスして話ができない様子でした。

一方、雪の写真（大雪で屋根から雪下ろしをしている写真）の反応のよさが新しい発見でした。「こんなに雪の降るところがあるんですね～」「ここはどこですか？」などの発言があり、熊本という土地柄、なじみのない雪は反応が出にくいのではないかという当初の仮説が覆されました。

終了後の患者さんの様子

閉会後の反応を介護スタッフに報告してもらったところ、参加した患者さんが口々に「楽しかった」「素敵な写真展を見てきたの！」などと、他のスタッフや施設利用者の方に話をしていたとのこと。また、その直後に担当医の方の往診があり、普段は往診を拒否される方（88歳女性・要介護度1・認知症レベルⅢ）が、診察を積極的に受けて、医師にうれしそうに写真展のことを語るなどの好影響も見られました。

その夜の睡眠状態の確認がとれた6名は全員、良眠だったとのこと。認知症患者の夜の徘徊や気性の悪化は介護する側にとって大きな負担となるため、昼間に楽しい時間を過ごし、夜に安眠してもらえたのは大きな成果です。

また、その6名のうち1名は翌日も1週間後もセッションの記憶が残っていたとのこと（残り5名のうち3名は少しだけ残っており、2名は完全に記憶に残っておらず）。介護士の方によると、4名の方にこれだけ記憶が残るのは、日常生活ではほとんどない画期的なことだそうです。手探りで行った実験ワークショップでしたが、予想以上の反応を得ることができました。そして認知症の患者さんたちに楽しい時間を過ごしてもらえたという実感が大きな励みになりました。

写真
ワークショップ開催中
の様子

検証・改善する

POINT
参加者の表情や無意識な反応を大切にする

写真素材の質と主題がカギ

今回のセッションでいくつか改善ポイントが見えてきました。

一つめは写真選択です。「わかりやすく」「美しく」「人の顔が見えない」ものがいいようです。要素が複数あって複雑なものは理解が難しく、雪下ろし、サンゴ礁のような主題がはっきりしている写真に反応がありました。限られた題材から選んだため、写真としての質が不十分だと感じていたものも何点かありましたが、やはりそういう写真への反応は薄いようでした。写真にひと目でわかる高い表現性、強さが必要です。また、人の顔がはっきり見えると、途端に自分とは関係がないものに見えてしまう傾向があるようです。話が盛り上がった結婚式の人物は、後ろ姿と横顔でした。「息子の結婚式かもしれない」と言う方がいたように、自分と関係があるものに見えると興味を持つことができるようです。子どもの運動会は、「この子は知らない子」とあまり興味を持ってもらえませんでした。

前半20分が回想法セッション、後半40分が想像力セッションというプログラムは想定以上にうまくいきました。セカンドセッションの反省から、対話を進めるには、進行係の技術を要するということも見えてきました。

参加者の人数に関しては、現場の介護士の方とも議論したところ、5人は少し多いという

道を延ばす

結論になりました。視力が悪い、耳が聞こえにくい方もいるので、1名のファシリテーターを囲む人数としては少し多過ぎたようです。1対5（後方に職員2名）を1対4（職員が患者さんの間に2名）の体制にするのが良いのではという結論に至りました。

認知症の森へ、1本の道

まだまだ発展途上ですが、アートの持つ「美の力」が認知症患者の生活に寄与することが見えてきました。

また、認知症の早期発見・予防という新しいテーマへの取り組みが2013年5月から始まっています。認知症は、早期に発見すれば進行を止めることが可能で、発症後の生活に対する事前準備のできる病です。しかし、痴呆症と呼ばれていた時代からの誤解や偏見が大きく、その事実を隠したり、認めたがらない人がまだまだ多いようです。この他にも徘徊の問題、薬の誤飲の問題、家族の負担の問題、わかりにくい介護保険制度の問題など、課題が山積みです。これらの課題にいろいろな立場の人が多方向からアプローチして取り組むことによって、巨大な認知症という森に明るい光が射すことを望んでいます。

Epilogue

エピローグ

ソーシャルデザインのエッセンス

essence 1

出会いとつながり

issue+design の活動について、自分自身の中のルーツを考えると、それは2001年にさかのぼります。当時僕は、広告の仕事で商業施設やホテルなどの、人が集合する「場」のデザインを多く手掛けていました。そして、あるホテルの新業態開発の仕事でニューヨークを訪れていたとき、9・11同時多発テロ事件が起こりました。21世紀という新しい時代の行く末を示唆するかのような、ショッキングな事件に出会い、ワールドトレードセンターのすぐ近くで、映像ではなく、この目でそれを直に見ることになったのです。

この経験は、自分の中に「世界」や「社会」というものに対して、今までとはまったく異なる意味を強く残しました。日本に帰国することができず、ホテルに軟禁状態の中、これから先のアメリカ、世界、そして日本はどうなるのだろう? 漠然とした不安を抱きながら、国や宗教、人生観や死生観、戦争や災害、いろいろなことを考えました。今ふりかえってみると、仕事のことを完全に忘れて、大きなことを考えることができた貴重な時間だった気がします。

それをきっかけに国や地域、都市や集落という、人間の生活を支えるコミュニティ、コミュニティが抱えるさまざまな社会課題というテーマに興味を持ち始め、工学系の大学院に通うことを決めました。そこで出会った山崎亮氏（現 studio-L 代表、京都造形芸術大学教授）との交流が、issue+design の立ち上げにつながりました。当時、山崎氏は設計事務所を設立したばかりで主にランドスケープのデザイン分野で活躍していました。広告業界にいる僕とはフィールドは違うものの、「デザイン」について共鳴するところが多く、授業をそっちのけで本郷の韓国料理屋に入り浸り、多くのことを語り合いました。日本の地方都市や離島、中山間エリアが人口減少に伴う多くの課題を抱えていること、その解決のためのデザインに大きな可能性を感じること、海外では注目を集めつつある社会課題解決のためのデザインが日本では未開拓な領域であることなど、とにかく話が盛り上がりました。そして、issue+design がスタートすることになりました。

このプロジェクトを今まで行ってきて思うことは、ソーシャルデザインの起点は「人」であるということです。僕がソーシャルデザインを行動に移したときの起点には、同志となった山崎氏がいます。そしてその後も多くの人がプロジェクトの起点となっています。『親子健康手帳』の起点にはワークショップで出会った京都府立医大の学生、『できますゼッケン』には神戸市の職員、『福井人』では在京福井出身の若者たち。これらの出会いは、僕にとってプロジェクトの発想の種となったり、発想の種をしっかりした根を持つ解決策や行動へと形づくる培養土となったり、ただ出会いという言葉だけでは片付けられない、活動の大きな要素になっています。

もう一つ、別の意味もあります。少し抽象的な言い方になりますが、ソーシャルデザインは「人」

に始まり、「人」に終わるということです。言い換えると、常に「社会課題と人の関係を忘れない」ということ。社会課題を議論する場に参加すると、課題の議論に終始して「人」が忘れられているなと感じることがあります。「何をやるべきなのか」と課題解決の手段をずっと考えていると、「だれかのために」という当初の目的から遠くなっていくことがあるようです。あちこち歩き回っていると、どこから歩き出したのか、その起点がわからなくなるように。

ソーシャルデザインは「人」のためのデザインであり、いつでも「人」に返っていくことで生命が吹き込まれていきます。僕らのプロジェクトではインタビューを必ず行います。その「声」ほど、多くをもたらしてくれるものはありません。ですから、ソーシャルデザインの解決策は、だれと出会うかによって変わります。インタビューに応じてくれた方々、プロジェクトに参加してくれた学生、相談にうかがった大学の先生、手伝いたいと申し出てくれたボランティアの人たち、さまざまな人々からいろいろなものをもらい、もらうたびにプロジェクトの進路が変わります。そんな偶然の出会いを受け入れ、自分の力に変えられる力、柔軟性が必要です。

プロジェクトの起点には必ず「人」がいます。そして、そのときのテーゼに対する気づきや発想のヒントを与えてくれるのが「人」であり、つくり上げた社会課題に対する「解」を行動に移して社会で共有してくれるのも「人」です。ソーシャルデザインは、人によって動き、人から人へ循環し、つくりあげられていくものなのです。

essence 2
YES、AND

issue+design の最初のプロジェクト「震災のためにデザインは何が可能か」は、ワークショップとコンペを融合させた独特の形式で行われました。「避難所」の課題解決策をつくるワークショップとその成果の審査を第一次、第二次と重ねていってコンペの入賞者を決める形式です。できれば若い人たちに対してソーシャルデザインの道を拓きたいという意向があり、対象は大学生、そして広い学問ジャンルを対象として参加者を募った結果、21組42名が集まりました。

一次審査で半分に絞るにあたり、上位8チームは採点結果からすぐに決まりました。ところが、残りの2チームがなかなか決まらない。5チームが横並びで、当初の評価基準＝独自性と実用性だけでは優劣が付けられなかったのです。横並びの5チームの中に、大学1年生女子2名のチームがありました。彼女たちの第一次提案は、5チームの中でもっとも低い完成度でした。ところが、一次審査通過作品を決定するために設けたある判断基準の評価が高く、先の行程に進むことになりました。

企画立案やアイデアづくりを仕事にしているわけではない、まして実践の知見を持たない学生ですから、即座に優れた解決策を発想できたチームなどありません。ワークショップでは事務局と参加者の対話の時間をたっぷりと取り、それぞれの参加者に気づきを与え、それぞれの中に眠っている視点を表面化させ、それを企画に落としていくための作業ステップをアドバイスするという丁寧なサポートを行いました。

その行程の中で、学生の中でも二つのタイプに反応が分かれることに気づきました。「YES、AND＝はい、それでは…」と「NO、BUT＝うーん、だって…」です。完成度の低い提案でありながら審査を通過した大学1年生女子2名のチームは、典型的な「YES、AND」タイプでした。当初から避難所で女性が直面する課題を解決したいという思いを持っていた彼女らに、「まずは阪神・淡路大震災の避難所で女性が直面した課題を調べてみては」という助言をしたところ、綿密に調査を行い、膨大な量の資料を作成してきました。そこから得られる気づきを引き出してアドバイスを行うと、さらにあちこちへ地道な調査やヒアリングを重ね、最終的に彼女たちは「避難所における女性の性的被害を防ぐ」という地点を確立し、独自性あるアウトプットを制作しました。

ソーシャルデザインのアウトプットは、あくまでも社会のためのものです。自分の主張や意思にこだわりすぎると、有用なものになりません。そのための大切な心構えが、あらゆる可能性を捨てないこと、可能性のために「動く」ということではないかと思います。食べてもいないのに「おそらくまずい」と評価できるのは、豊かな食の知見を有する人＝食の森を多面的に歩いてみたことがある人だけです。どこに何が眠っているかわからない社会課題の森に対して、やってみなければわからない、調べてみなければわからないというのは、ソーシャルデザインの重要な前提です。「NO、BUT」

よりも「YES、AND」。そこにある可能性に対してネガティブになるより、何かあるかもしれないというポジティブな気持ちをもって取り組んでみる人のほうに、道が開ける可能性が高いようです。

僕らのプロジェクトに参加してくれる人、一緒に仕事をする人に求める資質は、この「YES、AND」の姿勢のみです。住民参加のワークショップでは、参加者の方にこの気持ちになってもらえるようにプログラムを設計します。そして、僕自身も何事にも「面倒」「難しそう」ではなく、「おもしろそう」と思う姿勢を心がけています。とはいえ、トラブル続きでイライラが募り、周りのスタッフや家族に気をつかわせることもよくありますが……（ごめんなさい）。

前向きに、楽しく。ソーシャルデザインに限らず、これが一番です。

essence 3
量と質

あらゆる可能性を探り、プロジェクトのすべての行程にこだわっていくと、作業量は必然的に多くなっていきます。表に出るアウトプットの制作は、ソーシャルデザインという活動のピラミッドの、一番上のほんの一部分に過ぎません。ソーシャルデザインは、まさにピラミッドのように土台から積み上げていく行為です。

「森を知る」と「声を聞く」で集めた情報は、ピラミッドの一番下の土台にあたります。土台から崩れないように、上の層をしっかり積み上げるために、なるべく多くの情報を隙間なく抜かりなく並べていって、堅牢につくらなければなりません。その上に積み上げていく各層も、一番下からしっかり積む必要があります。イシューマップを何度も描きなおす。チームがピンとくるものが出てくるまで辛抱強くアイデアを出し続ける。ピラミッドを一層、また一層と積み上げていくように、ソーシャルデザインの過程はアウトプットを形づくるために大量の基礎作業を行わなければなりません。そのほとんどが根気のいる地道な作業です。

「データの数を集めよう」「多くの声を聞こう」「アイデアは質より量」。パート1に出てきたこれらの言葉はすべて、ピラミッドの基礎づくりを指しています。「数」や「量」が、なぜ必要なのでしょうか？　おそらく、ソーシャルデザインの経験を積んだ後でも、この原則は変わらないでしょう。なぜなら、調べ足りないことはないか、ヒアリングがこれで十分か、というのは、常に自分自身に対する問いかけだからです。よりよくデザインすることを自分に課したとき、よりよくするための可能性を自ら放棄しないための問いであり、辛抱強い調査・検証・アイデア出し・試作の積み重ねが必要とされます。

そして、その辛抱強い作業の経験値が「質」の直観的判断を導きます。あるテレビ番組で、米とご飯の完璧なまでのデータ分析からつくられた炊飯ジャーと、名人と呼ばれる料理人による昔ながらの薪を使ったかまど炊きの対決がありました。使われた米は魚沼産のコシヒカリ。炊きあがったご飯の判定は魚沼の米作農家の人たち。おかずはなし、ただご飯のみを覆面の状態で試食して判定します。炊飯ジャーのデータ分析は緻密で、ここまでするのかというほどの徹底ぶり。かまど炊きのご飯はたとえようもなくおいしいというイメージがあるものの、これほど完璧なデータに基づいた炊飯ジャーとの比較では、優劣が出ないのではと思われました。

ところが、結果はかまど炊きご飯の圧勝、約3倍の得票差が付きました。農家の人たちのコメントでは「ほんの少しなんだよ。少しなんだけど違うんだね」。その差が何だったのか……推測はできますが、正確にはわかりません。しかし言えることは、そこに数値データとはまったく質の異なる「経験値」という料理人の中に蓄積されたデータベースがあり、その経験値を「生かす」技術があり、その日の状況や環境に応じた一瞬の直観的判断があったはずだということ。そしてそれは、炊飯ジャーが持たないものだということです。

ソーシャルデザインは、人を起点として人に作用していくものです。できる限り多くの人が「おいしい！」と思う解決策をつくり、それに対する共感を、笑顔をつくらなければなりません。そのとき、「これだ！」と自信をもって解決策を送り出すために、質を導くための量をこなす作業を怠ることはできないのです。

essence 4

専門性と最適化力

自分に専門性のないことが長年の僕のコンプレックスでした。繊細なグラフィックデザインができるわけでも、難易度の高いリサーチができるわけでも、流暢なプレゼンテーションができるわけでもありません。社会人になってから大学院に通おうと思ったのも、そのコンプレックスからかもしれません。しかし、ソーシャルデザインのプロジェクトを進める際には、専門性がないこと、逆に言うとさまざまな領域と要素を横断して考えられるほうが役立つことが多いと最近は開き直ってきました。

ある日、金沢へ出張したときのことです。到着後に遅めの昼食を取ろうと同行スタッフおすすめの回転寿司店に入りました。そこは、日本海の恵みをふんだんに取り揃え、回転しているけれどもほとんどの客がカウンターの中にいる寿司職人に直接注文するため、回転寿司を超えたおいしい寿司が格安で味わえるお店です。そして、日本海ならではのネタのお得なセットも数々用意されている上に、もちろん一貫ずつのオーダーもできるので、寿司職人にいろいろ話を聞きつつ、金沢ならではの美味を楽しみました。そのとき、この店の常連である同行スタッフが、こんな意外なことを言ったのです、「驚異的な頼み方ですね。こんなバランスのとれた頼み方をする人は見たことがない」と。彼女の言ったことをまとめるとこんな感じです。まずお店のメニューをよく見て、自分と同伴者の食べたいものがまとめられているお得なセットを抽出。それを順序よくオーダーしていって、腹具合と相談しながら、どうしても漏れるものを一貫ずつ頼んでいるので、非常にコストパフォーマンスがよいうえに、お店にぴったりの楽しみ方ができている。いつもの彼女のオーダーなら、1・5倍の会計が来たはずだと。彼女は「あの能力は独特のもので、筧さんの仕事のやり方にも通じるものがある」として、「最適化力」と名付けてくれました。

「最適化」というのは、デザインにおいて非常に意味のある言葉かもしれません。たとえば、座れない椅子は、アートではあり得ても、デザインの世界ではあってはならないものです。何かをデザインしようとするとき、必ずユーザーがいるため、ユーザビリティとクリエイティビティのバランスを取らなければなりません。そして、この二つを両立できる最適なポイントを見極めなくてはいけません。つまり「最適化」するのです。

ソーシャルデザインの場合は、関係する住民や協力者が多数いて、その人たちの生活に深く関わる事情や思いに応える必要があります。ですから、プロジェクトに関わるみんなの思いの最大公約数となるように、最適化したアウトプットを送り出さなければいけません。僕はソーシャルデザインのプロジェクトを進めるにあたって、次の3つのバランスを意識しています。

まず、論理と感性のバランスです。データを集めて論理的に分析をしているときに、そのデータからジャンプして、アイデアの種を発見することがよくあります。逆に、感覚的に「よさそう」と思ったアイデアは必ず論理的に検証します。論理的に突き詰めることで、頭の中が整理されると、新たな思考回路と結びつき、さらにアイデアの質が高まります。

二つめは、抽象（アイデア）と具体（カタチ）のバランスです。アイデアというとても曖昧なものをカタチにする作業を通じて、プロジェクトの具体性を高めます。具体性が高まると、元のアイデアに影響する欠点も見えてきます。そこでアイデアをもう一度考え直します。この一連の作業を繰り返します。二つのバランスを見失うと、アイデアはいいけれど使い勝手の悪い商品や、一見格好いいけれど新しい価値のない空間などが生まれてしまいます。

最後に、主観と客観のバランスです。プロジェクトに対して主体的に深くのめりこむことは大切です。その情熱が優れたデザインを生みます。その一方、冷静に、客観的に、プロジェクト全体を俯瞰する視点を持ち合わせている必要があります。「ミーティングはすごく盛り上がったけど、本当にこの方法が住民にとってベストなのか？」「おもしろい企画だけどコストに見合うのか？」、そんな厳しい質問を、自分自身とチームに投げかける第二の自分が必要です。修正の必要があれば、戻って立て直す勇気も必要です。逆もしかりです。忙しくなると、情熱が薄れ、効率に走りがちです。「時間もお金もないから仕方がない」「十分に考えたはずだ」と、効率性に走る自分が出てきます。そのときに、「聞き足りない声があるのではないか？」「これでは本質的に解決できていない」などと声をかけるもう一人の情熱的な自分を取り戻し、自分とチームを奮い立たせていく必要があります。

専門的な仕事をしている人でも、常に世に送り出すものを最適化しているはずです。しかし、もし僕がそれを得意としているとしたら、それは専門性がないことによって専門的な仕事ができる人たちのこだわりを俯瞰できる立ち位置をとれるようになったからかもしれません。僕の「最適化力」を指摘したスタッフは、「人をチーム化する嗅覚もある」と言います。「人遣いが荒い（笑）」とも。専門的な仕事をしてくれる協力者の力なしではプロジェクトは成り立ちません。できる限り社会に役立つアウトプットができるように、ソーシャルデザインのプロジェクト全体を俯瞰して最適化するのが僕が今果たすことができる役割なのかもしれません。

essence 5
負のデザイン

『負のデザイン』という好きな書籍があります。１９９４年に出版された本で、一時期手に入らなかったため大切に保管していたのですが、２０１０年に改訂版が登場したようです（※森本武著、改訂版はＪＤＣ出版刊）。デザインの最も重要な役割は、人間の暮らしを「本来の姿」に戻す調整機能にあり、止める、減らす、小さくする、省略する、放置するなどの方向を強く意識したデザイン行為の重要性を述べ、経済成長、商業主義、拡大主義のための正のデザインに警鐘を鳴らしています。

この本の中の「いい絵を描くためには、絵具を塗るだけでなく、『削り取る』『消す』といった負の方向の創造行為も必要なのだ」という一節が個人的に気に入っています。本書のパート1、パート2でも「絞る」「選ぶ」「決める」という単語がたくさん出てくるように、ソーシャルデザインでは、「負の創造行為」が大切です。

まず、プロジェクトを始めるときには、常に自分の頭の中のキャンバスが真っ白になっているかを問いかけるようにしています。人はだれでも、メディアの報道を見聞きしていたり、身近な人が関係していたりするため、ある程度、社会課題と呼ばれるものに関する知識があります。それらは、ときに偏見や思い込みとなる場合があります。そこで、もし先入観がこびりついているならば削り取って、頭の中をできるだけきれいに掃除してからプロジェクトを始めます。森を歩き、話を聞き、多くの新しい情報に出会えたとしても、すでに色がついているキャンバスの上に描いてしまっては、新しいイメージを表現できません。その社会課題の領域の経験が豊富な人ほど優れたアイデアを生み出せるとは限らないのです。そこがソーシャルデザインのおもしろいところです。だからこそ、だれにでもその扉は開かれており、すぐにでも始められるのです。

また、「負の創造行為」を一番意識するのが、プロジェクトイシューを選ぶときです。P123でノーベル科学賞を受賞した利根川進氏の言葉（「何をやるかのアイデアが大切」「やらないことを決める」）を紹介しましたが、自分が取り組むべきイシューを絞り込むことは、質の高いプロジェクトを実施するために欠かせません。やりたいこと、興味があること、おもしろそうに思えることはたくさんあるでしょう。その中で、本当に自分がやるべきことを選び、残りをあきらめる負のデザインができるか否かが勝負の分かれ目です。僕はその絞り込みができなければ次には進みません。「絞れないな」と思うときには、もう一度インタビューに立ち返ります。インタビュー対象を追加することもあります。つまり、決めるための判断材料である声の「量」が足りないと考えます。絵具が十分に塗られていなければ、削ることもできないのです。

アイデアを具体化するときにも意識します。「社会を変える」「地域を元気にする」、そういう大きな志は大切ですが、自分のプロジェクトを「大きくしたい」という思いを抑えて、まずは確実に自分のできる範囲で実現を目指します。母子健康手帳のプロジェクトは最初、島根県の海士町と栃木県の茂木町という二つの町から始まりました。前者は約2300人、後者は約1・5万人という小さな自治体です。両自治体の方々とは密にコミュニケーションをとり、母子手帳の使い勝手を検証する段階から加わってもらっていました。まずはこの二つの自治体で喜ばれる母子健康手帳をつくることにこだわりました。この二つの自治体での成功が次につながると信じていたからです。結果として、半年後には32、1年後には92、2年後には158と順調に拡大しています。最初につまずいていたら、こうはいかなかったでしょう。

僕は毎年、冬になると北海道や青森の雪山を登ります。バックカントリースノーボードという、山の中の新雪を滑るスポーツを楽しむためです。滑った跡がない、ふかふかの新雪を滑り降りる気持ちよさに魅了されて始めたのですが、今では滑る前の雪山を登ることの楽しさにもはまっています。人気がまったくない山の中を、荷物を背負い、スノーシュー（かんじき）を履き、山を登っていると、身体中から日常生活でたまった灰汁のような汗が大量に出てきます。同時に、抱えていた悩みや邪念が消え、仕事のことも完全に忘れ、心も身体も真っ白になっていきます。まさに自分に対する負の創造行為です。精神的、肉体的につらい状況のときに雪山に登ると、たいてい事態は好転します。不要なこだわりが消え、人の声に素直になり、判断力が高まります。

個人も組織も社会も、あまりに多くのものを抱えこみすぎているのかもしれません。それを「本来の姿」に戻す調整機能を果たす負のデザインが、僕自身にも、日本社会にも、課題を抱える地域にも求められているのです。

Epilogue

ソーシャルデザインのエッセンス

おわりに

神戸市職員向けに「ソーシャルデザイン」をテーマにした研修ができませんか？　神戸市デザイン都市推進室の本田亙氏からの思いがけない申し出が本書を書こうと思ったきっかけです。「ソーシャルデザイン」という言葉は、近年急激に耳にすることが増えた言葉でしょう。僕がissue+designを立ち上げた2008年当時にはほとんど見聞きしませんでした。自分たちのプロジェクトを説明するのに四苦八苦した記憶があります。それから5年が経ち、東日本大震災の影響もあり、日本人の社会貢献意欲は高まり、日本中で「社会課題」解決の動きが広がり、「ソーシャルデザイン」への注目が集まりつつあります。

ユネスコのデザイン都市に認定されてる神戸市は、地域社会の課題解決のためのデザインに力を入れており、さまざまなプロジェクトをご一緒させていただいています。年々、市民および市職員のこの領域への関心が高くなっており、デザイン都市推進室への相談が増えているようです。そんな職員の方に「デザイン」を学んでもらう研修プログラムをご相談いただいたのです。

デザインと行政の接点は本当に小さなものでした。観光やまちづくりの分野で、住民や観光客にアピールするための装飾的なデザインに限られていました。いま、このデザインと行政、両者の距離がぐんと近づいてきてるのです。この距離をもっと近づけたい。「デザイン」の考え方を、全国各地の保健、福祉、教育、交通、防災など様々な分野の活動に活かしてほしい、そんな思いからソーシャルデザインの方法論を体系的にまとめた本書の執筆を決意したのです。

ビジネスの世界でもソーシャルデザインの重要性が高まっています。企業が自らの社会的意義を見つめ直し始めています。社会課題の解決を通じて、社会とともに成長する、そんな新しい活動を模索する企業が増えています。まだまだ日本では未開拓の分野ですが、本書がそのために奮闘する企業人の助けに少しでもなればうれしいかぎりです。

最後に、この本の執筆にはたいへん多くの方に、お世話になりました。本田亙氏他、神戸市の皆様には本書を書くきっかけと多数のソーシャルデザインの実践の場を提供いただきました。神田典子氏には書籍のコンセプトづくりから原稿作成までの全行程に粘り強くおつきあいいただきました。英治出版の高野達成氏には大幅に原稿が遅れても、「楽しみにしています！」と明るい言葉をかけていただき、救われました。片岡潤一氏のアートディレクション、綿瀬千代氏のイラスト、梅田眞司氏の写真のおかげで本書の魅力とわかりやすさが格段にあがりました。デザイナーの白木彩智氏他、issue+design のメンバーには、厳しいスケジュールの中で情報収集、デザイン、編集作業に対応いただきました。その他、issue+design 発足以来の多くの方との出会いから得られた経験や知識がなければ、本書の執筆はなしえませんでした。改めて皆様に感謝申し上げます。最後に、長期にわたる執筆の期間、ずっと支え励ましてくれた妻、癒してくれた娘に感謝します。

▶ Mark Granovetter, *"The Strength of Weak Ties." American Journal of Sociology* Vol.78, 1973
▶ 村山昇『「キレ」の思考「コク」の思考』東洋経済新報社、2012年12月
▶ 藻谷浩介『実測!ニッポンの地域力』日本経済新聞出版社、2007年9月
▶ 森本武『負のデザイン』JDC出版、改訂版、2010年9月
▶ 山崎亮『コミュニティデザイン』学芸出版社、2011年5月
▶ 山崎亮『ソーシャルデザイン・アトラス』鹿島出版会、2012年8月
▶ 寄藤文平『絵と言葉の一研究』美術出版社、2012年12月
▶ Bella Martin、Bruce Hanington『Research & Design Method Index』ビー・エヌ・エヌ新社、2013年3月
▶ Bill Buxton, '*Sketching User Experiences*', Morgan Kaufmann, March 2007
▶ hakuhodo+design、studio-L『震災のためにデザインは何が可能か』NTT出版、2009年6月
▶ issue+design project『地域を変えるデザイン』英治出版、2011年11月
▶ スコット・ベルスキ『アイデアの99%』英治出版、2011年10月

ウェブサイト

▶ 一般社団法人アーツアライブ　http://www.artsalivejp.org/
▶ オルファ株式会社　http://www.olfa.co.jp/ja/
▶ 木村屋總本店　http://www.kimuraya-sohonten.co.jp/
▶ 厚生労働省「人口動態調査」　http://www.mhlw.go.jp/toukei/list/81-1a.html
▶ 厚生労働省「平成22年版厚生労働白書」
http://www.mhlw.go.jp/wp/hakusyo/kousei/10/
▶ 国立社会保障・人口問題研究所「将来推計人口・世帯数」
http://www.ipss.go.jp/syoushika/tohkei/Mainmenu.asp
▶ 国立社会保障・人口問題研究所「人口統計資料集2010年版」
http://www.ipss.go.jp/syoushika/tohkei/Popular/Popular2010.asp?chap=0
▶ 国立国会図書館　http://www.ndl.go.jp/
▶ 自殺対策支援センターライフリンク　http://www.lifelink.or.jp/hp/top.html
▶ 内閣府・共生社会政策自殺対策白書
http://www8.cao.go.jp/jisatsutaisaku/whitepaper/index-w.html
▶ 内閣府NPOホームページ　https://www.npo-homepage.go.jp/
▶ 日本図書館協会　公共図書館横断検索
http://www.jla.or.jp/link/link/tabid/167/Default.aspx
▶ 認知症専門介護施設あやの里　http://www.ayanosato.net
▶ e-Stat（政府統計の総合窓口）　http://www.e-stat.go.jp/
▶ GeNii（学術コンテンツ・ポータル）　http://ge.nii.ac.jp/
▶ NPO法人ハナラボ　http://hanalabs.net/
▶ Ready for?　https://readyfor.jp/

参考資料

書籍・論文・雑誌

▶ 安宅和人『イシューからはじめよ』英治出版、2010年11月

▶ アレックス・オスターワルダー、イヴ・ピニュール『ビジネスモデル・ジェネレーション』翔泳社、2012年2月

▶ 中西泰人、岩嵜博論、佐藤益大『アイデアキャンプ』NTT出版、2011年5月

▶ ヴィクター・パパネック『生きのびるためのデザイン』晶文社、1974年8月

▶ 内井惣七『シャーロック・ホームズの推理学』講談社、1988年11月

▶ 枝廣淳子、小田理一郎『なぜあの人の解決策はいつもうまくいくのか?』東洋経済新報社、2007年3月

▶ オーデッド・シェンカー『コピーキャット』東洋経済新報社、2013年2月

▶ 奥野信宏、栗田卓也『新しい公共を担う人びと』岩波書店、2010年8月

▶ 小田博志『エスノグラフィー入門』春秋社、2010年4月

▶ 勝井三雄、田中一光、向井周太郎『現代デザイン事典 2012年版』平凡社、2012年3月

▶ 加藤文俊『キャンプ論』慶應義塾大学出版会、2009年11月

▶ 川喜田二郎『発想法』中央公論社、1967年6月

▶ 木下勇『ワークショップ』学芸出版社、2007年1月

▶ クレイトン・M・クリステンセン、ジェームズ・アルワース、カレン・ディロン『イノベーション・オブ・ライフ』翔泳社、2012年12月

▶ 今和次郎『考現学入門』藤森照信編、筑摩書房、1987年1月

▶ 斎藤顕一『問題解決の実学』ダイヤモンド社、新版、2012年4月

▶ 佐藤郁哉『フィールドワーク』新曜社、増訂版、2006年12月

▶ 真田是『社会福祉の今日と明日』かもがわ出版、新版、2003年4月

▶ ジェームス・W.ヤング『アイデアのつくり方』阪急コミュニケーションズ、1988年4月

▶ 『THINK!』WINTER 2013 No.44、東洋経済新報社、2013年1月

▶ 関沢英彦『調べる力』アスカ・エフ・プロダクツ、2010年4月

▶ 田中浩也『FabLife』オライリージャパン、2012年6月

▶ ティム・ブラウン『デザイン思考が世界を変える』早川書房、2010年4月

▶ 立花隆、利根川進『精神と物質』文藝春秋、1993年10月

▶ トム・ケリー、ジョナサン・リットマン『イノベーションの達人』早川書房、2006年6月

▶ トム・ケリー、ジョナサン・リットマン『発想する会社!』早川書房、2002年7月

▶ 中川邦夫『問題解決の全体観(上・下巻)』コンテンツ・ファクトリー、2008年8月

▶ フィリップ・コトラー、ナンシー・R.リー『コトラー　ソーシャル・マーケティング』丸善、2010年1月

▶ 深澤直人『デザインの輪郭』TOTO出版、2005年12月

▶ 星野匡『発想法入門』日本経済新聞社、第3版、2005年10月

▶ ポール・バーチ、ブライアン・クレッグ『アイデアのつくり方を「仕組み化」する』ディスカヴァー・トゥエンティワン、2010年1月

著者　筧　裕介

1975年生まれ。一橋大学社会学部卒業。東京工業大学大学院社会理工学研究科修了。東京大学大学院工学系研究科修了（工学博士）。2008年山崎亮他とソーシャルデザインプロジェクト issue+design を設立。以降、社会課題解決のためのデザイン領域の研究、実践に取り組む。共著書に『地域を変えるデザイン』『震災のためにデザインは何が可能か』など。グッドデザイン・フロンティアデザイン賞（2010）、キッズデザイン賞審査委員長特別賞（2011）、日本計画行政学会・学会奨励賞（2011）、竹尾デザイン賞（2011）他受賞。

編集・草案	神田典子（株式会社ワールプール）
アートディレクション	片岡潤一（株式会社フェブ）
イラストレーション	綿瀬千代（colombo）
DTP	白木彩智、神谷涼子（issue+design）
写真	梅田眞司（issue+design）
校閲	山本俊介、北崎里佳（issue+design）

issue+design

http://issueplusdesign.jp

「社会の課題に、市民の創造力を。」を合言葉に、2008年に始まったソーシャルデザインプロジェクト。行政・市民・大学・企業が参加し、地域・日本・世界が抱える社会課題に対して、デザインの持つ美と共感の力で挑む。阪神・淡路大震災の教訓から生まれた「できますゼッケン」、妊娠・出産・育児を支える「親子健康手帳」、神戸市若者向け自殺・うつ病対策ウェブ「ストレスマウンテン」、人との出会いを楽しむ旅のガイドブック「Community Travel Guide」など、行政や企業とともに多様なアプローチで地域が抱える課題解決に挑むデザインプロジェクトを多数実施中。

英治出版からのお知らせ

本書に関するご意見・ご感想を E-mail (editor@eijipress.co.jp) で受け付けています。また、英治出版ではメールマガジン、Web メディア、SNS で新刊情報や書籍に関する記事、イベント情報などを配信しております。ぜひ一度、アクセスしてみてください。

メールマガジン:会員登録はホームページにて
Web メディア「英治出版オンライン」: eijionline.com
X / Facebook / Instagram : eijipress

ソーシャルデザイン実践ガイド
地域の課題を解決する7つのステップ

発行日	2013 年 9 月 15 日　第 1 版　第 1 刷
	2024 年 11 月 1 日　第 1 版　第 7 刷
著者	筧裕介（かけい・ゆうすけ）
発行人	高野達成
発行	英治出版株式会社
	〒150-0022 東京都渋谷区恵比寿南 1-9-12
	ピトレスクビル 4F
	電話　03-5773-0193
	FAX　03-5773-0194
	www.eijipress.co.jp
プロデューサー	高野達成
スタッフ	原田英治　藤竹賢一郎　山下智也　鈴木美穂　下田理
	田中三枝　平野貴裕　上村悠也　桑江リリー　石崎優木
	渡邉吏佐子　中西さおり　関紀子　齋藤さくら
	荒金真美　廣畑達也　太田英里
印刷・製本	シナノ書籍印刷株式会社

ISBN978-4-86276-149-1　C0036　Printed in Japan